JAPANESE MYTH STORIES

日本神話故事

更新版

洪維揚　著

通透日本神話與傳說，認識日本的歷史、民族精神與思維方式
了解日本的誕生，帶你深入體會日本這個國家。

推薦序

觀微知著，從神話看日本

文／賴煌文
美國賓州大學東亞研究博士
現任威廉與瑪莉學院現代語言文學系助理教授

若要從根本了解一種文化，閱讀其神話傳說是最基本且容易的方法了。維揚兄的大作《日本神話故事》從他最擅長的刻劃日本戰國時代華麗的搏奕經略中反璞歸眞，回到書寫最原始而生動的日本神話傳說上。綜觀本書，《日本神話故事》不僅爲對日本文化有興趣的讀者們所必讀，更加提供了研究日本的專家學者們一個溫習與省思的空間。

《古事記》和《日本書紀》這兩本著作分別編撰於西元七一二年和七二〇年，可以說是日本最古老的兩本書。兩者雖都著墨於「日本」的建國神話，前者多闡述大和獨特的文化而後者則深受漢文化影響，帶著中國的影子。這兩本著作的重要性不僅僅在於其創作年代久遠，以及所代表的日本古典文學，《古事記》和《日本書紀》所講述的神話、傳說、和歷史更是探究日本神話年代以及七、八世紀左右的日本社會與政治的重要寶庫。《日本神話故事》取材於這兩本日本經典著作，不但融合了兩書對於日本古代神話的闡述，並且綜合分析了兩者內容上的異同處，再加上維揚兄敏銳的歷史神經對其中疑點的分析與回應，讓兩古書所描述的日本神話淺顯易懂的呈現在讀者面前。《日本神話故事》所描繪出的古代世界在維揚兄生動且旁徵博引的解說下，彷彿劇場般的呈現在讀者眼前。

一九四〇是一個非常重要的年度。且不說這一年日本與中國正陷在戰火的泥沼中，在歐亞大陸另一端，二戰也如火如荼地在歐陸進行著。在戰火燎原中，日本盛大慶祝並迎接了從神武天皇建國後的第兩千六百個年度，也就是代表著「日本」建國已兩千六百年。在《古事記》和《日本書紀》這兩本古書所記載的神武天皇建國的傳說，在當時成為了日本國族主義以及軍國主義宣傳上最好的佐證。由此可看出神話的出現不僅僅是一種歷史的紀錄，也是一種國家與國族主義的創造。十九世紀末的明治維新後，日本引進了西方的科學思想。到了一九四〇年，文人學者以及知識份子們早已體認到《古事記》和《日本書紀》中所記載的歷史大部分並不是眞實的古代紀錄，而是當時的統治者所杜撰的傳說。或許是國家大義的壓力，亦或是政府的強力控制，這些知識份子並沒有在慶典中挑戰日本皇室與國家的絕對主權。從這個歷史片段中，不難看出神話與傳說透過歷史書寫在日本政治思想上展現了多大的權力與力量。維揚兄在《日本神話故事》前言就提到；「《古事記》和《日本書紀》……儘管記載的內容未必正確，但是要了解日本這個國家的誕生經過，非讀這兩本書不可」。正如所言，維揚兄藉此書引領讀者從原點去探求「日本」如何成爲一個國家的用意顯而易見。

在《日本神話故事》中，維揚兄大膽的挑戰了幾個懸而未決的歷史焦點，如「神武是否就是秦朝方士徐市」、「神功皇后的歷史定位」、以及「卑彌呼的眞正身分」等，並提出了獨特的見解如：徐福雖確有其人，但跟神武天皇未必能劃上等號；卑彌呼並非神功皇后等。在這些爭論的疑點上，維揚兄引用了中日兩方的文獻記載並作出了合理的推斷。雖然並未完全解決這些歷史上的疑點，但對《日本神話故事》中所講述的故事與傳說，在精采度上來說有著無庸置疑的加強效果。

本書以《日本書紀》所記載的故事爲主體，輔以《古事記》的傳說爲對照，再加上了維揚兄畫龍點睛般特別挑選出的和歌來串連成首尾連貫的日本古代神話，讓讀者有忍不住一氣呵成的讀完的衝動，但讀完後卻又感到意猶未盡的不捨。身爲日本的研究者以及多年好友，我懇切盼望維揚兄接下來在《日本神話故事》的基礎上再創作出更多相關的作品。於此同時，請讀者跟隨著維揚兄的妙筆生花，暢遊在伊奘冉尊和伊奘諾尊的高天原、黃泉國裡吧！

維揚兄在中文世界的日本戰國史的創作上早已有著無與倫比的貢獻。此次聽聞維揚兄撰寫日本神話並邀請我寫序，驚喜之餘也感到非常榮幸。看著《日本神話故事》中維揚兄所描述的一個個故事，讓我不禁懷念起當年在輔大日文系研究室促膝長談歷史文學天下大勢的場景。多年不見，相隔了一個太平洋，但維揚兄的隻字片語透過《日本神話故事》彷彿就在我耳邊迴盪。隨著維揚兄筆下的神話故事來看天下大勢，人生眨眼之間也不過就如此。期盼各位讀者也能從閱讀這些神話中，找到自己所希冀的片段。

賴煌文

二〇一七年七月一日 於費城家中

作者序

藉由神話了解日本

《古事記》和《日本書紀》是日本古代最有名的兩本歷史著作，也是記載日本創世神話的由來，儘管記載的內容未必正確，但是要了解日本這個國家的誕生經過，非讀這兩本書不可。

《日本書紀》由於仿效中國正史的體例，行文除來自《史記》《漢書》《後漢書》《三國志》（《漢書》到《三國志》三本引用最多）《梁書》《隋書》等正史外，還有《吳子》《六韜》《淮南子》《昭明文選》《藝文類聚》等其他來自大陸方面的典籍，被視為是進入中華文化圈的媒介而受到當時朝廷的推崇。《古事記》由於採用以漢文形式表記的「變體漢文」的方式書寫，這種文體不易閱讀，以至於到鎌倉時代幾乎已無人能讀懂其意。江戶時代國學四大人之一的本居宣長耗費三十餘年的時間撰寫《古事記》的註釋書《古事記傳》，發揚《古事記》復活日本語言是「纖細的、物哀的（もののあはれ）、眞情流露的文學」之傳統，這是與受中國儒教的道德仁義、壓抑內心眞實情感的《日本書紀》的不同之處。在本居宣長的努力下，國學蓋過古學、蘭學、陽明學等江戶時代各種學派，甚至也蓋過幕府的欽定學派朱子學，對於後來維新回天大業的成功，國學的貢獻度完全不輸給水戶學。

幕末時在大和發起天誅組織亂的攘夷志士，據說最喜愛吟詠《古事記》收錄的倭建命死前思念故鄉大和的和歌（見本書第一九一頁），這首和歌可說是表現上古時代日本人質樸性情的代表，這一點作者在撰寫本書翻譯《日本書紀》和《古事記》的文字時，有非常強烈的感受。

本書的主題是神話，雖也想過撰寫較爲著名的民間傳說如浦島太郎、酒呑童子、桃太郎、三保羽衣等傳說，但因作者的專攻是歷史，對於民間傳說和神話只是出於興趣，手邊的相關書籍非常有限，和編輯討論後最終決定割捨民間傳說的部分，只專就神話的部分。作者在大學期間曾在學校圖書館讀過時報出版由王孝廉先生編譯的《島國春秋——日本書紀》（該書已絕版）以及張文朝先生翻譯並自費出版的《古事記》，這兩書對本書的完成助益非常大，作者在此致上對兩位先生的謝意。

《日本書紀》前兩卷以及《古事記》的第一卷爲神代部分，理所當然爲本書構成的內容之一，此外作者還挑選上古傳說的皇族成員日本武尊和神功皇后的部分做爲本書的內容，蓋兩人雖非神代之人，但其事蹟與武功堪與神武相提並論也！

本書共分六章，第一章〈日本國土及眾神的出現〉從天地開闢開始談起，歷經神世七代、日本國土的誕生、伊奘冉尊生產時死去、伊奘諾尊到黃泉國追愛妻、夫婦決裂、三貴子誕生、素戔嗚尊到高天原踢館，到素戔嗚尊斬八岐大蛇娶奇稻田姬定居出雲爲止。屬於《日本書紀》第一卷，相當於《古事記》上卷第一、二、三段。第二章〈大國主神〉介紹大國主神成爲出雲統治者的經過，以及他的後嗣脈絡，足以解釋何以後來大國主神向天孫「讓國」，天孫卻不得不興建祭祀大國主神的出雲大社。此章相當於《古事記》上卷第四段，《日本書紀》並沒有特別介紹大己貴命的段落。第三章〈天孫降臨〉從葦原中國之平定、天孫降臨、彥火火出見尊在龍宮與豐玉姬的婚姻生活，到神日本磐余彥尊的降生爲止，屬於《日本書紀》第二卷，相當於《古事記》上卷第五、六、七段。

第四章〈神武東征〉內容爲神日本磐余彥尊東征以及即位建國的經過，屬於《日本書紀》第三卷，相當於《古事記》中卷第一段，作者在該章最後提出若干觀點，特別針對「神武是否就是秦朝方士徐市」提出自己的見解。第五章〈日本武尊〉介紹日本武尊一生的功業——包括征討熊襲、蝦夷。如果說神武東征的成就爲建立日本國，那麼日本武尊征討蝦夷，將東國納入大和朝廷的版圖的功勳完全不輸神武天皇，屬於《日本書紀》第七卷，相當於《古事記》中卷第十一段。第六章〈神功皇后〉內容爲神功皇后代夫平定熊襲，進而出兵朝鮮、建立任那日本府、平定覬覦皇位的其他皇子，以日本史上首位攝政之姿享有天皇實際權力。作者在第六章最後探討一些圍繞在神功皇后的問題，包括神功皇后是否該與歷代天皇並列的定位問題，以及她與中國史籍記載的卑彌呼是否爲同一人，最後還概略提及珍藏於石上神宮的七支刀之謎。

本書並非學術書籍，因此作者省略版本的考證，此外對於《日本書紀》神代部分的諸說也略去不提。在譯文方面，作者在神代部分力求白話，神武以後的部分《古事記》依舊維持質樸語調，因此仍能維持原先的風格，作者似乎可以感受到本居宣長偏愛《古事記》的原因。《日本書紀》神武以後的部分受到前文提過的眾多中國典籍的影響，作者在翻譯時已不太能維持力求白話的原則，某些部分不得不跟著原文文謅謅的語調，這種情形在第五、六兩章特別明顯。作者並非專業譯者，不能很好的駕馭文字，在譯文方面難以面面俱到，懇請讀者多多包涵！

本書主要內容爲創世神話及建立日本國的經過，讀者可與以歷史時代爲主題的前作《一本就懂日本史》搭配閱讀，對日本歷史更有全面通盤的了解。最後感謝作者在輔大日文所的學弟，也是作者一生的摯友賓州大學東亞研究所博士的賴煌文先生爲本書撰序。

作者洪維揚二〇一七年二月於自宅

目錄

CONTENTS

第一章 日本國土及衆神的出現

第二章 大國主神

第三章 天孫降臨

第四章 神武東征

第五章 日本武尊

第六章　神功皇后

附錄：背景介紹

附錄：體例

第一章

日本國土及眾神的出現

某日，伊奘諾尊和伊奘冉尊站立在高天原的天之浮橋上談話：「橋底下不知有無國土呢？」於是拿起天之瓊矛往下插在渾沌的大地上，矛的尖端滴下的潮水凝固成一個名為磤馭慮島（意為自己凝固而成的島），這是最早出現的日本國土。

於是兩神便居住在該島上，為完成產下國土的使命而成為夫婦。

最先生下的是淡路洲（今之淡路島），然而不為二神喜愛（淡路有「吾恥」之意）。接著生下的是大日本豐秋津洲（今日的本州）；接著生下伊豫二名洲（今之四國島）；接著生下筑紫洲（今之九州島）；接著生下億岐洲（今之隱岐島）和佐度洲（今之佐渡島），與人間有雙胞胎相同道理。接著生下越洲（今之北陸地方）……

天地開闢

上古之時，天地未剖，陰陽不分。不久之後，清陽者薄靡爲天，重濁者淹滯爲地，於是天成地定，世界始有天地，然後，神明於天地間孕育而生。天地之中生出一物，狀如葦芽，此即國常立尊。其次是國狹槌尊、豐斟渟尊。此三神乾道獨化，爲純粹男神。

《日本書紀》裡，國常立尊、國狹槌尊、豐斟渟尊三神出現後，眾神才跟著出現，雖然名稱並不相同，與《古事記》高天原裡的「造化三神」——天之御中主神、高御產巢日神、神產巢日神在地位上並無太大差異。

國長立尊／出口王仁三郎繪

神世七代

天地之後又生下了埿土煑尊、沙土煑尊；接著生下大戶之道尊、大苫邊尊；接著生下面足尊、惶根尊；接著生下伊奘諾尊、伊奘冉尊。（作者按：從埿土煑尊、沙土煑尊起都是男女二神，他們在關係上既是兄妹，也是夫婦。從國常立尊到伊奘諾尊、伊奘冉尊共七代、十一尊神，稱為「神世七代」。不過，《古事記》的「神世七代」與《日本書紀》不盡相同，由於《古事記》沒有國狹槌尊，因此豐雲野神被歸為第二代，在宇比地邇神、須比智邇神和意富斗能地神、大斗乃辨神之間加上角杙神、活杙神兩尊。因此雖同樣是「神世七代」，《古事記》有十二尊神，《日本書紀》只有十一尊。）

神世七代對照表

	《日本書紀》	《古事記》
第一代	國常立尊	國之常立神
第二代	國狹槌尊	豐雲野神
第三代	豐斟渟尊	宇比地邇神、比智邇神
第四代	埿土煑尊、沙土煑尊	角杙神、活杙神
第五代	大戶之道尊、大苫邊尊	意富斗能地神、大斗乃辨神
第六代	面足尊、惶根尊	淤母陀琉神、阿夜訶智古泥神
第七代	伊奘諾尊、伊奘冉尊	伊邪那岐命、伊邪那美命

《日本書紀》與《古事記》名稱對照

《日本書紀》	《古事記》	念法（羅馬拼音）
國常立尊	國之常立神	Kuninotokotachinomikoto
國狹槌尊		Kunisatsuchinomikoto
豐斟渟尊	豐雲野神	Toyokumununomikoto
	天之御中主神	Amenominakanusinokami
	高御產巢日神	Takamimusuhinokami
	神產巢日神	Kamimusuhinokami
埿土煑尊	宇比地邇神	Uijininomikoto
沙土煑尊	比智邇神	Suijininomikoto
大戶之道尊	意富斗能地神	Ootonojinomikoto
大苫邊尊	大斗乃辨神	Ootomabenomikoto
面足尊	淤母陀琉神	Omodarunomikoto
惶根尊	阿夜訶智古泥神	Kasikonenomikot
伊奘諾尊	伊邪那岐命	Izanaginommikoto
伊奘冉尊	伊邪那美命	zanaminomikoto
	角杙神	Tsunuguinokami
	活杙神	Ikuguinokami
磤馭慮島	淤能碁呂島	Onogorojima
淡路洲	淡道之穗之狹別島	Awajinoshima
大日本豐秋津洲	大倭豐秋津島	Ooyamatotoyoakitsushima
伊豫二名洲	伊豫之二名島	Iyonofutananoshima
筑紫洲	筑紫島	Tsukushinoshima
億岐洲	隱伎之三子島	Okinoshim
佐度洲	佐度島	Sadonoshima
越洲		Koshinoshima
大洲	大島	Ooshima
吉備子洲	吉備兒島	Kibinokojima
對馬島	津島	Tsushima
壹岐島	伊伎島	Ikinoshima
水蛭子	水蛭子	Hiruko

大八洲國以及其他諸島的產生

某日，伊奘諾尊和伊奘冉尊站立在高天原的天之浮橋上談話：「橋底下不知有無國土呢？」於是拿起天之瓊矛往下插在渾沌的大地上，矛的尖端滴下的潮水凝固成一個名爲磤馭慮島（意爲自己凝固而成的島），這是最早出現的日本國土，根據研究，淡路島南方的沼島（兵

伊奘諾尊和伊奘冉尊／小林永濯繪

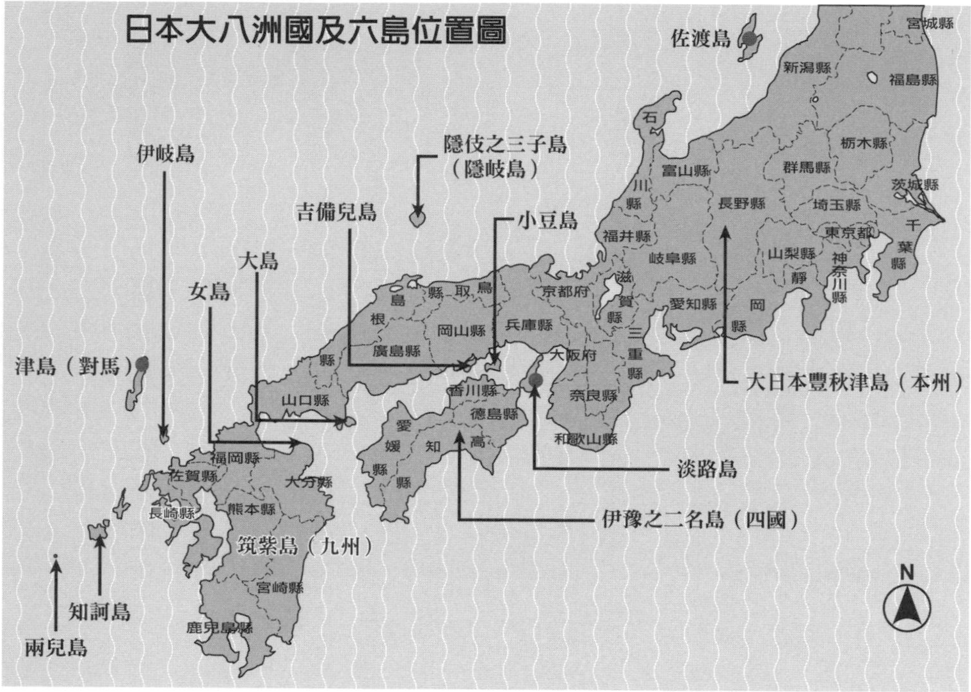

庫縣南淡路市）、淡路島北端的繪島（兵庫縣淡路市）或位於紀淡海峽友島中的沖之島（和歌山縣和歌山市），三島之一即是磤馭慮島。

於是兩神便居住在該島上，爲完成產下國土的使命而成爲夫婦。兩神以磤馭慮島爲柱，陽神（伊奘諾尊）向左旋，陰神（伊奘冉尊）向右旋。

兩神相遇時陰神率先唱道：「令人高興啊！遇到俊美的少年！」陽神不悅的說道：「我是男子，理當先唱，怎麼反而是女子先唱？此爲不祥，宜以改旋。」遂改成陽神右旋，陰神左旋。兩神再度相遇時陽神先唱道：「令人高興啊！遇到美麗的少女！」唱完後向陰神問道：「你的身體是怎麼形成的？」陰神說道：「我的身體是一層一層形成的，但有一處沒有合成。」陽神說道：「我的身體也是一層一層形成的，但是卻多了一處，我想將這多出來的部分放入你凹陷之處。」

於是陰神、陽神開始媾合產下日本國土。

最先生下的是淡路洲（今之淡路島），然而不爲二神喜愛（淡路有「吾恥」之意）。接著生下的是大日本豐秋津洲（今日的本州）；接著生下伊豫二名洲（今之四國島）；接著生下筑紫洲（今之九州島）；接著生下億岐洲（今之隱岐島）和佐度洲（今之佐渡島），與人間有雙胞胎相同道理。接著生下越洲（今之北陸地方）；接著生下大洲（日本名爲大島之島嶼甚多，如伊豆大島、周防大島、紀伊大島、奄美大島，以周

神祇與神社

伊奘諾神宮，以伊奘諾尊、伊奘冉尊為主祭神的神社，位於兵庫縣淡路市多賀，淡路國一宮，依《延喜式神明帳》社格屬於名神大社、官幣大社，戰後歸屬神社本廳的別表神社，位於太陽之道最西端。

伊邪那岐命和伊邪那美命／西川祐信繪

防大島可能性最高）；接著生下吉備子洲（今岡山縣之兒島半島），由是始有大八洲國之號。至於對馬島（今長崎縣對馬島）、壹岐島（今長崎縣壹岐島）及其他小島，都是潮沫凝固而成，或者是水沫凝固而成。

《古事記》的記載與《日本書紀》略有不同，伊邪那岐命（伊奘諾尊）和伊邪那美命（伊奘冉尊）來到淤能碁呂島後先是建造天之御柱，然後蓋起雄偉的八尋殿，之後與《日本書紀》相同步驟產下國土。與《日本書紀》相同也因爲男女順序的錯誤先後生下水蛭子（意爲手足異形）和淡道之穗之狹別島。由於水蛭子不良於行，因此生下後就放入葦草編成的船任其流去，接著生下的淡道之穗之狹別島與水蛭子一樣都不被列入兩神之子。

《古事記》對伊邪那岐命和伊邪那美命產下的伊豫之二名島額外說道：「這個島一身有四個面，每面都有名，伊豫國名愛比賣；讚岐國名飯依比古；粟國（阿波國）名大宜都比賣；土左國名建依別。」筑紫島也是個一身四面的島，筑紫國名白日別（今之福岡縣）；豐國名豐日別（今福岡縣東部及大分縣）；肥國名建日向日豐久士比泥別（今熊本、佐賀、長崎三縣）；熊曾國名建日別（今宮崎、鹿兒島兩縣）。

伊邪那岐伊邪那美二神立天浮橋圖／尾形月耕繪

《古事記》的大八島依序為：淡道之穗之狹別島、伊豫之二名島、隱伎之三子島、筑紫島、伊伎島、津島、佐度島以及大倭豐秋津島。此外又生下了建日方別（兒島半島）、大野手比賣（香川縣小豆島）、大多麻流別（山口縣周防大島）、天一根（又名女島，今大分縣姫島）、天之忍男（又名知訶島，今長崎縣五島列島）、天兩屋（又名兩兒島，今長崎縣男女群島）等六島。在產下國土方面，《古事記》的記載敘述比《日本書紀》詳盡。

豆知識

一宮

通常指令制國中社格（神社的地位）最高、最有勢力的神社，原則上一令制國只有一座一宮，但實際上只有一座一宮的令制國實為少數，如越中國、阿波國的一宮多達四座。一宮底下有二宮、三宮，某些令制國如上野，甚至多到九宮。一宮制的起源目前還未能確定，不過至少在十世紀初編纂完成的『延喜式』已實施，因此推測最遲在九世紀末以前落實。

通常一宮是國司（朝廷任命的令制國國主）在領國內巡拜的首座神社，其主祭神除伊豆、相模、隱岐、美作、肥後五國外，均見於《古事記》或《日本書紀》，大多數是「記紀神話」裡的神祇。

豆知識　官幣大社、名神大社、別表神社

凡是記載在九二七年編纂完成的《延喜式》第九、十兩卷神明帳之內的神社，均稱為「式內社」。式內社的社格可分為官幣大社、國幣大社、官幣小社、國幣小社四種（後來又增加官幣中社、國幣中社）。所謂「官幣」是指接受神祇官奉納幣帛的神社；「國幣」則是接受地方國司奉納幣帛的神社，按期奉納幣帛的數量再分為大社和小社。以地位而言，官幣大於國幣，官幣大社全位於畿內，如畿內諸國一宮均屬於官幣大社，另外如平安末期確立的「二十二社」全部屬於官幣大社。官幣小社多數位於畿內，國幣大社和國幣小社多半分布於七道。

凡是屬於大社（包括官幣大社和國幣大社）統稱為「名神大社」。

二戰結束後，盟軍最高司令官總司令部（簡稱GHQ）廢止國家神道，廢除神祇官、神祇院等鼓吹軍國主義的宗教團體及組織。日本恢復獨立後於一九五六年五月，基於神社信仰是日本國民日常生活不可或缺的重心，成立以伊勢神宮為本宗，包含日本各地神社的宗教法人團體「神社本廳」。

「神社本廳」在都道府縣成立地方機關「神社廳」，截至今日，共有將近八萬座社

加入「神社本廳」。「神社本廳」雖號稱所有加入的神社地位一律平等，但實際上並不容易做到，像歷史悠久的官國幣社，其規模和地位很自然的凌駕在一般神社之上，不能以尋常的神社章程來規範，因此這類「另外制定章程的神社」便稱為「別表神社」。不隸屬於神社本廳的神社則稱為「單立神社」。

豆知識 太陽之道

以位於奈良縣箸墓古墳為中心，東西各延伸約一百公里的路線，在這條直線上散落著古代部落供奉太陽神的祭祀遺址。不可思議的是，這些遺址幾乎都位在北緯三十四度三十二分，以伊勢齋宮遺跡（三重縣多氣郡明和町，現為齋宮歷史博物館）為起點，往西經堀坂山、倶留尊山進入奈良縣後有室生寺（奈良縣宇陀市）、長谷寺、三輪寺（現名平等寺）、檜原神社、大神神社（大和國一宮）、箸墓古墳（皆位於奈良現櫻井市）、大鳥神社（大阪府堺市西區，和泉國一宮）、伊勢久留麻神社、舟木石上神社、伊奘諾神宮（皆位於兵庫縣淡路市）。

產下衆神及三貴子

產完國土之後，伊奘諾尊和伊奘冉尊接著產下海、川、山、木、草，接著伊奘諾尊和伊奘冉尊討論道：「既然我們已生下大八洲國和山川草木，何不生統治天下之主呢？」

於是共生日神，名爲大日孁貴（天照大神）。此子光華奪目，遍照六合，伊奘諾尊、伊奘冉尊二神喜道：「吾之子甚多，然未有如此靈異之子，此子不宜久留此國，應儘速送往天界，授予治理天界之事。」斯時，天地相隔不遠，以天柱將其送往天界。

接著生下月神月弓尊，其豐采次於日神，可輔日神治天，於是也送往天界。接著生下蛭兒，三歲猶不

天照大御神／春齋年昌繪

《日本書紀》與《古事記》名稱對照

《日本書紀》	《古事記》	念法（羅馬拼音）
大日孁貴	天照大御神	Oohirumenomuchi
月弓尊	月讀命	Tsukuyomi
素戔嗚尊	速須佐之男命	Susanoonomikoto
	火之夜藝速男神	Hinoyagihayaonokami
	泣澤女神	Nakisawamenokami
	石拆神	Iwasakunokami
	根拆神	Nesakunokami
	石筒之男神	Iwatsutsunoonokami
	甕速日神	Mikahayainokami
	桶速日神	Hihayainokami
	建御雷之男神	Takemikaduchinoonokami
	闇淤加美神	Kuraokaminokami
	闇御津羽神	Kuramitsuhanokami
	大雷	Ooikaduchi
	火雷	Honoikaduchi
	黑雷	Kuroikaduchi
	拆雷	Sakuikaduchi
	若雷	Wakaikaduchi
	土雷	Tsuchiikaduchi
	鳴雷	Naruikaduchi
	伏雷	Fusuikaduchi
根之國	根之堅州國	Nenokatasukuni
	豫母都志許賣	Yomotsushikome

良於行，將其置於天磐櫲樟船隨風而去。

接著生下素戔鳴尊，此神雖勇敢強悍，然性格殘忍，經常哭泣，以致國內人民多早死，使青山枯黃。其父母二神斥素戔鳴尊道：「汝甚無道，不可主宰宇宙，當遠行至根之國矣！」將其放逐。大日孁貴、月弓尊、素戔鳴尊是所謂的「三貴子」。

《古事記》在這方面的記載非常精彩且詳盡，伊邪那岐命和伊邪那美命產完大八島和六個小島後，又陸續產下大地上各種神祇三十餘個，但在生下火之夜藝速男神（火神）時陰部被火灼傷，不久後死去，總計兩神共產下十四座島、三十五柱神。

伊邪那岐命說道：「我可愛的妻子，你想用你的命來換一個兒子嗎？」時而匍匐在伊邪那美命的枕邊，時而匍匐在其腳邊，祂哭泣時留下的眼淚成為住在香具山（「大和三山」之一的天香久山，位於奈良縣橿原市）畝尾木本的泣澤女神。最後將死去的伊邪那美命葬於出雲國和伯耆國交界的比婆山（今島根縣安來市）。

伊邪那岐命拔出隨身佩帶的十拳劍，砍下其子迦具土神（即火之夜藝速男神）首級，刀尖上的血滴飛濺至石群上形成石拆神、根拆神、石筒之男神；刀身的血珠飛灑在石群上形成甕速日神、桶速日神、建御雷之男神（鹿島神宮的主祭神，被後世視為軍神）；積在

伊邪那岐命（伊奘諾尊）以十拳劍砍迦具土神／葛氏北齋繪

刀柄的血從手指間滲漏下來形成闇淤加美神、闇御津羽神。

以上自石拆神以下到闇御津羽神爲止，都是因御刀所生之神。

被殺害的迦具土神也形成八柱神，刀的名字是天之尾羽張，乃天庭尾羽伸展之意，也叫做伊都之尾羽張。

很想念伊邪那美命的伊邪那岐命，來到了黃泉國。伊邪那美命從緊閉的殿堂大門出來迎接，伊邪那岐命說道：「我可愛的妻子，我們還未生完國土，和我一起回去吧！」

伊邪那美命悵然道：「眞是遺憾！你太晚來了，我已吃下黃泉國的食物。親愛的夫君，你特地來看我，我十分高興。我去和黃泉國的神明商量，看看能否讓我和你回去，這段期間暫時別看我的身體。」

伊邪那美命說完反身進入殿堂。伊邪那岐命苦苦等候，始終不見伊邪那美命現身，放棄等待的伊邪那岐命取下左耳髻上的細齒梳子，折斷最大的一支點上火，做爲引路的火把。走進殿堂看見伊邪那美命身上到處都是蛆，還發出如雷的聲音。她的頭上有大雷，胸口有火雷，腹部有黑雷，陰部有拆雷，左手有若雷，右手有土雷，左腳有鳴雷，右腳有伏雷，合而生成八雷神。

豆知識　黃泉國

《古事記》伊邪那美命死後前去的國度，《日本書紀》亦有「伊奘諾尊追伊奘冉尊而入黃泉國」的記載。後來當兩神決離時，《古事記》記載「伊邪那美命又稱為『黃泉津大神』」，可推測伊邪那美命應該從此定居黃泉國。之後的敘述提及速須佐之男命「想去根之堅州國探望死去的母親」，可知黃泉國即根之堅州國。而根之堅州國在《日本書紀》寫成「根之國」，可見三者意思相同，都是指死後的世界。

見到此狀的伊邪那岐命，拔腿就跑。伊邪那美命發覺後忿忿不平說道：「你眞是太羞辱我了。」於是伊邪那美命派出黃泉國的豫母都志許賣（或稱爲「黃泉醜女」）追擊伊邪那岐命。伊邪那岐命取下裝飾在頭髮上的黑蔓草，扔在地上，黑蔓草立刻變成山葡萄，趁豫母都志許賣撿拾山葡萄的空檔，伊邪那岐命趁隙脫逃。不久豫母都志許賣追上來，伊邪那岐命取下右耳髻上的細齒梳子丟在地上，變成了竹筍，趁豫母都志許賣拔竹筍吃的空檔逃走。

於是伊邪那美命派出八雷神率領一千五黃泉國軍隊追擊而來，伊邪那岐命拔出佩帶在身上的十拳劍在身後揮舞逼退追擊的敵軍。終於來到黃泉比良枕的枕本（人界與黃泉國的分界），伊邪那岐命摘下三顆桃子，丟向八雷神及其率領的一千五黃泉國軍隊，竟然使他們撤退了。因此伊邪那岐命對桃子說道：「希望你們能像幫助我那樣，當生活在葦原之中國的青人草（人類）遭逢痛苦、煩惱時，也能慨然幫助他們！」於是將桃子命名爲意富加牟豆美命。

最後，伊邪那美命親自追來，伊邪那岐命推著千引之石到黃泉比良枕上堵住黃泉國的出口，在此斷絕與伊邪那美命的夫妻之緣。伊邪那美命說道：「親愛的夫君，既然你忍心斷絕夫妻之緣，此後我將每天絞殺你的國人一千人。」伊邪那岐命也說道：「我可愛的妻子，如果你這麼做，那我每天將建一千五百幢產屋。」因此現在每天必會有一千人死亡，也必會有一千五百人出生。

從此伊邪那美命又稱爲黃泉津大神，由於只有她能追上伊邪那岐命，所以也又稱爲道敷大神。至於堵住黃泉杭的石頭，稱爲道反大神，也稱爲塞坐黃泉戶大神。至於所謂的黃泉比良杭，位在現今出雲國的伊賦夜杭（今島根縣松江市）。

之後，伊邪那岐命說道：「我到過那個令人不快、使人恐懼的不淨之國，我要淨身祓禊。」於是他來到筑紫國日向橘小門的阿波岐（今宮崎縣宮崎市阿波岐原町）進行禊祓。

伊邪那岐命投棄御杖出現的神名爲衝立船戶神；其次爲投棄御帶所生之神，名爲道之長乳齒神；其次爲投棄御囊所生之神，名爲時量師神；其次爲投棄御衣所生之神，名爲和豆良比能宇斯能神；其次爲投棄御褌（褲子的舊稱）所生之神，名爲道俣神；其次爲投棄御冠所生之神，名爲飽咋之宇斯能神；其次爲投棄左手手環時所生的神，計有：奧嶼神、奧津那藝佐毘古神、奧津甲斐辨羅神；其次爲投棄右手手環神所生的神，計有：邊嶼神、邊津那藝佐毘古神、邊津甲斐辨羅神。

《日本書紀》與《古事記》名稱對照

《日本書紀》	《古事記》	念法（羅馬拼音）
	意富加牟豆美命	Ookamuzuminomikoto
	黃泉津大神	Yomotsuookami
	道敷大神	
	道反大神	Chikaeshinoookami
	塞坐黃泉戶大神	Yomitonoookami
	道俣神	Chimatanokami
	飽咋之宇斯能神	Akiguinoushinokami
	奧疎神	Okizakarunokami
	奧津那藝佐毘古神	Okutsunagisabikonokami
	奧津甲斐辨羅神	Okitsukaiberanokami
	邊疎神	Hezakarunokami
	邊津那藝佐毘古神	Hetsunagisabikonokami
	邊津甲斐辨羅神	Hetsukaiberanokami
	八十禍津日神	Yasomagatsuinokami
	大禍津日神	Oomagatsuinokami
	神直毘神	Kamunaobinokami
	大直毘神	Oonaobinokami
	伊豆能賣神	Idunomenokami
	底津綿津見神	Sokotsuwatatsuminokami
	底筒之男命	Sokotsutsunoonokami
	中津綿津見神	Nakatsuwatatsuminokami
	中筒之男命	Nakatsutsunoonokami
	上津綿津見神	Uhatsuwatatsuminokami
	上筒之男命	Uhatsutsunoonokami
	宇都志日金拆命	Utsushihikanasakunomikoto
	御倉板舉之神	Mikuratananonokami
	夜之食國	Yonoosukuni

以上所記從衝立船戶神到邊津甲斐辨羅神共十二神，都是伊邪那岐命禊祓前脫去身上穿戴之物而生成的神。

伊邪那岐命說道：「上游之水湍急而下游之水遲緩。」於是沉潛到中游水中，洗清身體上的汙穢而形成的神，名爲八十禍津日神，其次爲大禍津日神，這二神是前去汙穢的黃泉國沾上污垢而形成的神。其次爲改正這些災禍而形成的神，計有：神直毘神、大直毘神、伊豆能賣神。接著在水底洗滌時形成的神爲底津綿津見神其次爲底筒之男命；於水中

豆知識　**禊祓**

神道用語，由清洗身上汙穢的「禊」和從不淨的身體和心靈去除災厄　術的「祓」組成。進行重大神事之前或在神事儀式進行中，於瀑布、河川或海洋用清水洗淨自身，此即是「禊」，是後來普遍存在日本各地「裸祭」的原型。「祓」是神事儀式中在齋戒和「禊」之後，持續淨化的儀式，如唸咒、祈禱，為使淨化效果顯著，有特定的神職人員（如神官、巫女）、特定的場所（如齋場）、特定的節日（如每年六月和十二月的最後一日）及特定的儀式（如京都祇園祭）進行「祓」。

洗滌時形成的神爲中津綿津見神，其次爲中筒之男命；於水面上洗滌時形成的神爲上津綿津見神，其次爲上筒之男命。

這三柱綿津見神是阿曇連的祖神，阿曇連是綿津見神之子宇都志日金拆命的子孫。至於底筒之男命、中筒之男命、上筒之男命三柱神，是墨江之三前大神（今大阪府大阪市住吉區住吉大社之主祭神，是攝津國一宮，社格爲名神大社、官幣大社，屬於二十二社的中七社，戰後爲神社本廳的別表神社。）

豆知識 二十二社

神社社格的一種，當日本遇上天災地變、國家瀕臨危急存亡之秋時，接受朝廷額外支出的奉幣，代替天皇進行消災祈求的神社。平安中期開始將與皇室有關的神社納入，到平安末期白河天皇在位時（一〇七三～八七）確立二十二社制度，除伊勢神宮（伊勢）、日吉大社（近江）外都在令制國五畿內的範圍內，可以說二十二社除伊勢神宮外，都在平安京的附近。除了少數幾座外都是名神大社、官幣大社以及別表神社。習慣上二十二社可再細分成上七社、中七社、下八社。

二十二社一覽表

記載社名	現在		社格				
	社名	所在地	式內社	一宮	近代	勅祭	別表
上七社							
太神宮	神宮（伊勢神宮）	三重縣伊勢市	大		神宮		
石清水	石清水八幡宮	京都府八幡市	國史		官大	勅祭	別表
賀茂	賀茂別雷神社（上賀茂神社）	京都府京都市北區	名神大	山城國	官大	勅祭	別表
	賀茂禦祖神社（下鴨神社）	京都府京都市左京區	名神大		官大	勅祭	別表
松尾	松尾大社	京都府京都市西京區	名神大		官大		別表
平埜	平野神社	京都府京都市北區	名神大		官大		別表
稻荷	伏見稻荷大社	京都府京都市伏見區	名神大		官大		
春日	春日大社	奈良縣奈良市	名神大		官大	勅祭	別表
中七社							
大原野	大原野神社	京都府京都市西京區	國史		官中		別表
大神	大神神社	奈良縣櫻井市	名神大	大和國	官大		別表
石上	石上神宮	奈良縣天理市	名神大		官大		別表
大和	大和神社	奈良縣天理市	名神大		官大		別表
廣瀬	廣瀬大社	奈良縣北葛城郡河合町	名神大		官大		別表
龍田	龍田大社	奈良縣生駒郡三郷町	名神大		官大		別表
住吉	住吉大社	大阪市大阪市住吉區	名神大	攝津國	官大		別表
下八社							
日吉	日吉大社	滋賀縣大津市	名神大		官大		別表
梅宮	梅宮大社	京都府京都市右京區	名神大		官中		
吉田	吉田神社	京都府京都市左京區	式外		官中		別表
廣田	廣田神社	兵庫縣西宮市	名神大		官大		別表
祇園	八阪神社	京都府京都市東山區	式外		官大		別表
北野	北野天滿宮	京都府京都市上京區	式外		官中		別表
丹生	丹生川上神社（中社）	奈良縣吉野郡東吉野村	名神大		官大		別表
	丹生川上神社上社	奈良縣吉野郡川上村					別表
	丹生川上神社下社	奈良縣吉野郡下市町					別表
貴布禰	貴船神社	京都府京都市左京區	名神大		官中		別表

天照大御神／歌川國貞繪

伊邪那岐命接著洗左眼時形成的神爲天照大御神，洗右眼時形成的神爲月讀命，洗鼻子時形成的神爲建速須佐之男命（即須佐之男命）。（作者按：《古事記》這部分的敘述與《日本書紀》略有出入，《日本書紀》是伊奘冉尊（伊邪那美命）先生下三貴子然後死去，《古事記》則是伊邪那美命死去後，伊邪那岐命清洗身上產生三貴子。為了避免出現重複的情節，這部份的敘述筆者以《古事記》為主。）

以上所記從八十禍津日神到速須佐之男命共十四神，都是伊邪那岐命洗滌身體時生成的神。

伊邪那岐命形色歡喜的說道：「我前後生了這麼多孩子，終於得到三貴子。」於是取下套在頸上用玉串成的項鍊，將項鍊上的珠子相擊發出聲響，交給天照大御神，說道：「我命你去統治高天原。」這串項鍊名爲御倉板舉之神。接著對月讀命說道：「我命你去統治夜之食國（一般說來指夜之國度，亦有認爲是「根之堅州國」的說法）。」接著對建速須佐之男命說道：「我命你去統治海原。」（作者按：《日本書紀》則記載天照大神治理高天原（神的世界），月讀命治理滄海原潮之八百重（月亮與潮汐），素戔嗚尊治理天下（葦原之中國）。）

天照大御神和月讀命各依伊邪那岐命的命令前往統治的國度，只有速須佐之男命荒廢自己統治的國度，任由鬍鬚垂至胸前，只是終日哭得震天價響。其哭泣的慘況，直叫青山

素戔嗚尊（速須佐之男命）／歌川國芳繪

乾枯死寂，河海乾涸。惡神的哭叫聲猶如蒼蠅充斥各處，各地惡靈一齊帶來禍害。伊邪那岐命遂問速須佐之男命道：「你爲何不好好治理我委託你管理的國度，只是整日哭個不停？」速須佐之男命回答道：「我想去根之堅州國探望死去的母親，所以才整日哭泣。」伊邪那岐命聽罷，怒道：「這樣的話，你不能住在這個國度。」於是將速須佐之男命流放。

伊邪那岐命則坐鎮淡海的多賀（淡海正確名稱爲「近淡海」，即令制國的近江國，「淡海的多賀」即近江國多賀大社，位於今滋賀縣犬上郡多賀町，主祭神爲伊邪那岐命和伊邪那美命。《日本書紀》記載爲「淡島的多賀」，即前述淡路島伊奘諾神宮。）

宇氣比（誓約）

《日本書紀》中，素戔嗚尊遭父母二神放逐時，素戔嗚尊向伊奘諾尊請求道：「吾今奉命將前往根之國，不過在此之前想先前往高天原和姐姐見面，之後永遠退出該地。」伊奘諾尊點頭承諾，然後讓素戔嗚尊登上高天原。在這之後，伊奘諾尊所有事業、工作都已完成，於是在淡路之洲建造幽宮，從此深居其內不再過問世事。或曰伊奘諾尊功高蓋天、德配寰宇，登天報命，宅邸仍留於日之少宮。

當素戔嗚尊昇天前往高天原時，大海劇烈搖動，山岳轟然作響，這是因爲素戔嗚尊神性雄健之故。天照大神素知素戔嗚尊性格粗暴，聽聞他要來的消息，大感驚訝，說道：「吾弟來此，豈懷善意？一定是抱著奪取吾國之志而來！雙親既然讓子女各有其治理的國度，爲何要捨棄自己的國度而覬覦我治理的高天原？」

於是天照大神也做好了和素戔嗚尊作戰的準備，首先她解開頭髮，梳成男性的髮髻，將纏在腰上的腰卷綁成男性著用的幔，以五百個月牙形珠子用繩子串成的八秐瓊御統（古時的項鍊）纏繞在髮髻、髮飾及手腕上。身上背負裝有一千支箭的箭袋，身上也掛著裝有五百支箭的箭袋，手臂戴上威猛亮麗的皮護手，搭起弓弦，手握劍柄，腳踏堅硬地面，深達大腿。如泡沫之雪般踢散腳旁的泥土，擺出勇猛的雄姿，以高分貝的音量詰問素戔嗚尊。

素戔嗚尊回答道：「我並無邪念，只是遵照父母之命前往根之國。只是若不和姐姐見面，我不知要如何前去，所以我才跋涉遠路，穿過雲霧來到高天原，請姐姐別擺出嚴肅的臉孔。」天照大神又問道：「如果眞是這樣，你要如何證明你心無別念？」素戔嗚尊回答道：「請姐姐和我一起立下誓約（宇氣比），以誓約生子來證明。如果我生下女子證明我心生邪念；但如果我生下男子就證明我一片清心。」於是天照大神取出素戔嗚尊佩在身上的十握劍，將其折斷爲三，不斷撒上從天眞名井舀起的清水洗濯，然後咬碎斷劍。從吐出的霧氣中形成的神名爲田心姬，接著是湍津姬，其次爲市杵島姬等三柱女神。

接著由素戔嗚尊接下纏繞在天照大神髮髻、髮飾及手腕上的五百個八秛瓊御統，同樣從天眞名井舀起的清水洗濯，然後將其咬碎。從吐出的霧氣中形成的神名爲正哉吾勝勝速日天忍穗耳尊，接著生下天穗日命、天津彥根命、活津彥根命，熊野櫲樟日命共五柱男神。

天照大神對素戔嗚尊說道：「你生的神是從我身上的五百個八秇瓊御統而來，因此這五柱神都是我的孩子；十握劍是素戔嗚尊之物，從這把劍生下的三柱女神是你的孩子。」於是把三柱女神授給素戔嗚尊，這三女神即筑紫胸肩君祭祀的女神。

豆知識 胸肩君

即宗像大社，社格為名神大社、官幣大社，位於福岡縣宗像市。其主祭神為田心姬、湍津姬、市杵島姬，又稱為「宗像三女神」，分別是沖之島沖津宮祭祀田心姬、筑前大島中津宮祭祀湍津姬、宗像市田島邊津宮祭祀市杵島姬。是古代北九州通往朝鮮半島、中國海上交通的海域玄界灘的守護神，也是嚴島神社（安藝國一宮，社格為名神大社、官幣中社）的主祭神。

天之岩戶

之後，素戔嗚尊在高天原進行種種暴行。他在春天將天照大神親自耕種的天狹田、長田重複撒下種子，毀壞田埂並填平溝壑。秋天則將天斑駒驅趕至田中，妨礙稻穀的收割，而且還暗地在天照大神舉行新嘗祭的新宮裡拉屎。甚至連天照大神於齋服殿織聖衣時，將剝下的天斑駒皮從齋服殿屋頂的洞穴中投下去。織布中的天照大神被從天而降的駒皮嚇到，而被梭子傷到自身。生氣的天照大神於是躲進天之岩戶，閉鎖磐戶幽居，如此一來整個世界陷入黑暗，再也沒有晝夜的交替。

當時，有八十萬神聚集於天安河邊共商祈禱的方式。這時思兼神經過綿密的思考，蒐集常世國（長生不老之地）的長鳴鳥（公雞）使其長鳴不停。又使手力雄神預先隱藏在磐戶旁邊，中臣連的遠祖天兒屋命和忌部遠祖太玉命前往天香山（即前述的香具山）挖起五百棵眞秔樹（榊樹）返回，在上面樹枝掛上五百個八秔瓊御統，中間的樹枝掛上八咫鏡（又名眞經津鏡，是日後皇室傳承的三大神器之一），下面的樹枝掛上青和幣、白和幣，然後

《日本書紀》與《古事記》名稱對照

《日本書紀》	《古事記》	念法（羅馬拼音）
田心姬	多紀理毘賣命	Takorihime
湍津姬	多岐都比賣命	Tagitsuhime
市杵島姬	市寸島比賣命	Ichikishimahime
正哉吾勝勝速日天忍穗耳尊	正勝吾勝勝速日天之忍穗耳命	Masakaakatsukachihayaiamanooshihomiminomikoto
天穗日命	天之菩卑能命	Amanohohinomikoto
天津彥根命	天津日子根命	Amatsuhikonenomikoto
活津彥根命	活津日子根命	Ikutsuhikonenomikot
熊野櫲樟日命	熊野久須毘命	Kumanonokusubinomikoto
思兼神	思金神	Omoikanenokami
手力雄神	天手力男神	Tachikaraonokami
天兒屋命	天兒屋命	Amenokoyanenomikoto
太玉命	布刀玉命	Futodamanomikoto
八咫鏡	真經津鏡	Yatanokagami
天鈿女命	天宇受賣	Amanouzumenomikoto

一起祈禱。另外猨女君遠祖天鈿女命（《古事記》口傳者稗田阿禮之祖先）手持蔓藤捲成的矛，站在天之岩戶前，動作靈巧的擺動身體。此外以天香山眞秔樹爲頭飾，手持竹葉點火焚燒，踏在桶子上袒胸露乳的跳起舞來，眾神看見無不哄然大笑。

天照大神感到疑惑，自言自語的說道：「此時我閉居在天之岩戶，照理來說豐葦原中國應該陷入漫漫長夜才是，何以天鈿女命如此的歡樂？」於是伸出手將閉鎖的磐戶稍稍推開縫隙往外窺看，就在這一瞬間，手力雄神抓住天照大神之手將她從洞裡拖

天照大御神從洞裡被拖出來／歌川豐國繪

出來，中臣神（天兒屋命）、忌部神（太玉命）立即將注連繩圍住天照大神的後方，說道：「不可再越過繩子走進洞內。」

之後，眾神擒住素戔嗚尊，要他交出物品做爲賠償，並且剃去他的鬍鬚以及指甲來贖罪，之後將他趕出高天原。

這部分的記載《古事記》幾乎與《日本書紀》一致，故不再贅述。

擊退八岐大蛇

離開高天原後，素戔嗚尊來到出雲國簸川的河上。在河上聽到有人哭泣的聲音，於是循著聲音找到人，原來住著一家老夫婦，還有一位少女，三人抱在一起痛哭。素戔嗚尊問道：「你們是誰呀？爲何在此哭泣呢？」老爺爺回答道：「我是國神，名爲腳摩乳，我的妻子名爲手摩乳，這位少女是我們的女兒，名爲奇稻田姬。之所以哭泣是因爲以前我們有八個女兒，每一年八岐大蛇固定呑噬一個，今年大蛇又將到來，來呑噬我們最後一個女兒，一想到這不覺悲傷得哭泣起來。」素戔嗚尊說道：「如果我除掉八岐大蛇，可否將你女兒嫁給我？」腳摩乳歡喜道：「果能如此，樂意至極。」

素戔嗚尊遇到三人抱著痛哭／楊洲周延繪

素戔嗚尊擊退八岐大蛇／月岡芳年繪

於是素戔嗚尊立即將奇稻田姬變成爪形梳子，插在自己的髮髻上。隨即命腳摩乳、手摩乳夫婦立刻釀造烈酒，並建八面牆，各置一酒槽盛滿酒等待八岐大蛇到來。不久，八岐大蛇到來，這頭蛇頭、尾各有八個，眼睛如赤酸醬般棗紅，松柏生長在牠龐大的背上而蔓延於八丘八谷之間。八岐大蛇一見到酒，每個頭都垂到酒槽裡喝了起來，很快就喝醉，伏身睡著。在旁等待的素戔嗚尊拔出佩刀十握劍斬殺八岐大蛇，斬到蛇尾時，十握劍的刀刃有了缺口，於是素戔嗚尊割開大蛇的尾巴，發現藏有一劍，名爲草薙劍（《日本書紀》另外記載說草薙劍又名天叢雲劍，因爲八岐大蛇所居之上，常有雲氣，故而稱之。至日本武皇子，改名草薙劍。）素戔嗚尊看到此劍，說道：「此乃神劍也，我豈敢據爲私有？」於是上獻給天照大神。

之後，素戔嗚尊爲尋覓結婚場所而外出旅行，終於來到出雲的清地（今島根縣安來市）。他說道：「吾心清爽。」於是在該處建造宮殿。落成後與奇稻田姬成婚，生下大己貴神。然後下達命令：「吾兒的管理人是腳摩乳、手摩乳。」所以，這兩柱神是稻田宮的主神，然後素戔嗚尊就前往根之國。

以上爲《日本書紀》第一卷神代上的內容，擊退八岐大蛇的部分，《古事記》與之略有出入，簡單敘述出入的部分。

被逐出高天原的速須佐之男命向大氣津比賣神（即《古事記》伊邪那岐命和伊邪那美命生下日本國土粟國別名的大宜都比賣）乞食，大氣都比賣（即大氣津比賣）從鼻子、嘴巴、屁股取出種種美味好吃的食物，正

速須佐之男命殺害大氣津比賣神／月岡芳年繪

準備料理時，在旁觀察其動作的速須佐之男命認爲已弄髒食物才拿給他吃，盛怒之下遂殺害大氣津比賣神。遭殺害的大氣津比賣神頭上生出蠶來，兩隻眼睛裡生出稻穗種子，兩隻耳朵裡生出粟子，鼻孔裡生出小豆，陰部生出麥子，屁股則生出大豆。因此神產巢日御祖命（《古事記》的造化三神之一神產巢日神）將這些命名爲五穀的種子。

《日本書紀》只說腳摩乳和手摩乳是國神，《古事記》則清楚交代足名椎命是大山津見神之子。《日本書紀》並未交代八岐大蛇來自何處，《古事記》提及是從高志（越國，廣義的越國包含越後、越中、能登、加賀、越前國，甚至還包含山形縣臨海的庄內平原，在大化改新前這一大片地方都稱爲越國，或寫作「高志國」、「古志國」。大化改新後將越國分成越後、越中、越前三國，之後再從越前國陸續分出能登、加賀二國。平安初期爲防範北方的蝦夷族，將越後國出羽郡與其他地方獨立成出羽國）來襲。《日本書紀》裡只是素戔嗚尊問及腳摩乳一家姓名，《古事記》則有提到足名椎命反問速須佐之男命的來歷，速須佐之男命說他是天照大御神之弟，剛從高天原下來。足名椎命答以眞是惶恐之至，願意將女兒嫁給速須佐之男命。

速須佐之男命與櫛名田比賣在須賀（《日本書紀》裡的清地）築新宮時，看到從地表

《日本書紀》與《古事記》名稱對照

《日本書紀》	《古事記》	念法（羅馬拼音）
脚摩乳	足名椎命	Ashinaduchi
手摩乳	手名椎命	Tenaduchi
奇稻田姫	櫛名田比賣	Kushiinadahime
八岐大蛇	八俣遠呂智	Yamatanoorochi
草薙劍		Kusanaginotsurugi
天叢雲劍		Amenomurakumonotsurugi
大己貴神	大國主神	Ooanamuchinomikoto
	大山津見神	Ooyamatsuminokami
	稻田宮主須賀之八耳神	Inadanomiyanushisuganoyatsumi
	八島士奴美神	Yashimajinuminokami
	神大市比賣	Kamiooichihime
	大年神	Ootoshigami
	宇迦之御魂神	Ukanomitamanokami
	木花知流比賣	Konohanachiruhime
	布波能母遲久奴須奴神	Fuhanomojikunusununokami
	淤迦美神	Okaminokami
	日河比賣	Hikawanohime
	深淵之水夜禮花神	Fukafuchinomizuyarehananokami
	天之都度閇知泥神	menotsudohechinenokami
	淤美豆奴神	Omizununokami
	布怒豆怒神	Funozunonokami
	布帝耳神	Futemiminokami
	天之冬衣神	Amenofuyukinunokami
	刺國大神	Sashikuniookami
	刺國若比賣	Sashikuniwakahime
	大國主神 大穴牟遲神 葦原色許男神 八千矛神 宇都志國玉神	Ookuninushinokami

冉冉升起的雲，於是寫了一首歌唱道：

八層雲出，出雲國八重垣，為使吾妻居於此，
故建八重垣，圍繞八重垣。

《日本書紀》提到在宮殿建成後，素戔嗚尊以腳摩乳、手摩乳為大己貴神的管理人，並為稻田宮主神，然後前往根之國。《古事記》裡速須佐之男命未讓足名椎命、手名椎命成為大國主神的管理人，只是賜足名椎命為稻田宮主須賀之八耳神，也未提及速須佐之男命後來的去向。

最大的不同在於最後的記載。《日本書紀》提到素戔嗚尊和奇稻田姬婚後生下大己貴神，第一卷的記載到此為止，素戔嗚尊與大己貴命是父子關係，但在《古事記》中，大己貴神（大國主神）是速須佐之男命的六世孫。

《古事記》記載速須佐之男命和櫛名田比賣生下八島士奴美神，速須佐之男命又娶大山津見神的女兒神大市比賣（即足名椎命的姊妹，櫛名田比賣的姑姑），生下大年神和宇

迦之御魂神（伏見稻荷大社之主祭神）。八島士奴美神娶大山津見神的女兒木花知流比賣，生下布波能母遲久奴須奴神。此神娶淤迦美神的女兒日河比賣，生下深淵之水夜禮花神。此神娶天之都度閇知泥神，生下淤美豆奴神。此神娶布怒豆怒神之女布帝耳神，生下天之冬衣神。此神娶刺國大神之女刺國若比賣生下大國主神（出雲大社的主祭神），又名大穴牟遲神，又名葦原色許男神，又名八千矛神，又名宇都志國玉神，共有五個名字。

神祇與神社

伏見稻荷大社，以宇迦之御魂神等為主祭神的神社，位於京都府京都市伏見區，依《延喜式神明帳》社格屬於名神大社、官幣大社，是二十二社上七社之一，是全國約三萬所稻荷神社的總本社，境內的千本鳥居是該社最明顯的標誌，搭京阪本線伏見稻荷驛下車後即可見到。

出雲大社，以大國主大神為主祭神的神社，位於島根縣出雲市大社町，出雲國一宮，依《延喜式神明帳》社格屬於官幣大社，現為宗教法人出雲大社教（新興宗教，神道十三派之一，由出雲大社大宮司千家尊福於一八七三年成立，信徒約有一百二十六萬）之宗祠。本名杵築大社，維新回天後才改成現名。每六十年進行式年遷宮，最近一次在二〇一三年。

速須佐之男命到大國主神的譜系表

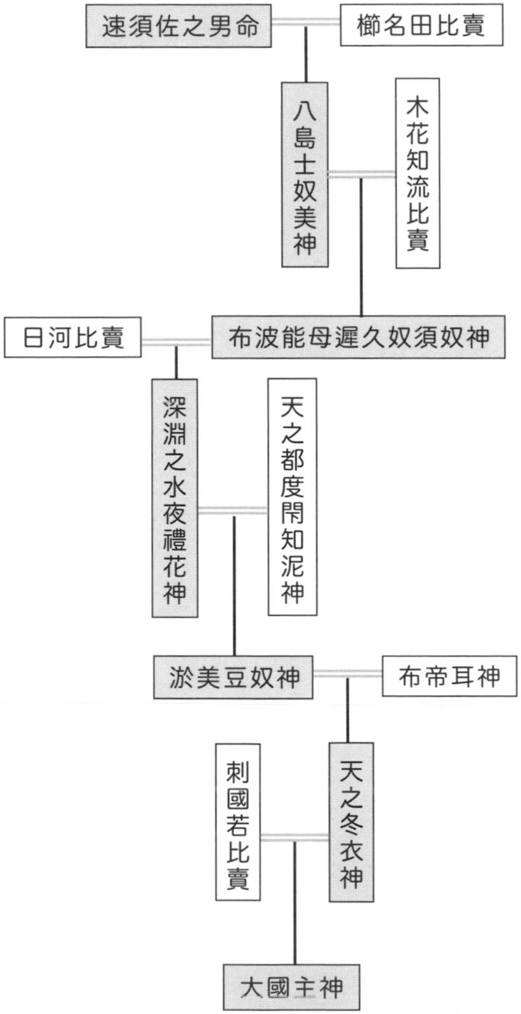

第二章

大國主神

大國主神憂愁的說道：「只有我一個人如何建立國家？有哪位神可以和我一起建立國家？」

這時有位神照亮海面，走了過來說道：「只要你能用心祭祀我，我就協助你建國，不然憑你個人之力斷難獨立建國。」

大國主神進一步問道：「我要怎麼祭祀你呢？」

該神回答道：「請將我祭祀在圍繞大和國諸山中的東邊山頂上吧！」這個神就是坐鎮在御諸山（現稱為三輪山，位於奈良縣櫻井市）上的神（大物主）。

因幡的白兔

大國主神的兄弟有八十神之多，然而這些神都對大國主神讓國，原因在於八十神都想向稻羽國（令制國下的因幡國）美女八上比賣求婚，於是偕同一起前往稻羽，命大穴牟遲神（大國主神的別稱）幫他們背負行李，以隨從的身分跟他們一起前去稻羽。

當一行人來到氣多（因幡國氣多郡，今屬鳥取縣鳥取市白兔海岸）時，看到一隻無毛的裸兔躺著，八十神對這隻裸兔說道：「要治好你身上的傷口，最好沐浴在海水中，在風大處吹風，並睡在高山上。」裸兔

大國主與白兔

聽從八十神的話照做，可是隨著海水被吹乾，兔子的皮膚在風吹之下裂開，裂傷讓兔子痛得在地上打滾、哭泣。這時殿後的大穴牟遲神看見了裸兔，問道：「你爲何哭倒在地？」

兔子答道：「我在淤岐島（隱岐島）想渡海來此地，但苦於沒有能渡海的船隻。於是欺騙住在海底的鱷魚說：『我跟你做個比賽，看看誰的同族夥伴多。你把你所有同族夥伴找來，從這個島到氣多前排成一列，我踩在上面邊走邊數，這樣就能知道是哪一族多。』鱷魚就這樣被我騙了，從隱岐島到氣多排成一列，我踩在上面邊走邊數，就在要踏上氣多的時候，我忍不住說了一句：『你們都被我騙了。』剛說完就被最後一隻鱷魚抓住，剝下我的毛皮，因此我才傷心的哭泣。剛剛經過的八十神告訴我：『沐浴在海水中，在風大處吹風，並睡在高山上。』於是我照八十神說的去做，反而弄得全身是傷。」

大穴牟遲神聽完對兔子說道：「你馬上到河口用淡水清洗身體，然後摘下河岸邊的蒲黃灑在地上，在上面翻滾，你的身體就會復原了。」兔子照著大穴牟遲神說的去做，身體果然復原，這就是稻羽（因幡）的素（白）兔，現在稱爲兔神。兔子對大穴牟遲神說道：「八十神必然無法和八上比賣結婚，你雖是替他們背負行李的隨從，只有你能得到八上比賣。」

八十神的迫害

八上比賣對前來求婚的八十神說道：「我不能同意你們的要求，我心意已決，要同大穴牟遲神結婚。」

盛怒的八十神於是協議殺掉大穴牟遲神，他們一行來到伯伎國（令制國下的伯耆國）手間山的山腳下，八十神對大穴牟遲神說道：「這座山上有隻紅色野豬，我們上山把野豬趕下來，你等在這裡捕捉牠，如果你沒捉到就殺死你。」

於是八十神上山將一塊狀似野豬的巨石燒得火紅，自山頂推下來。大穴牟遲神以為是野豬衝下來，迎了上去，結果被活活燒死。

大穴牟遲神生母刺國若比賣（見第一章最後）知道後哭得肝腸寸斷，來到高天原，請神產巢日之命救救大穴牟遲神，於是神產巢日之命要蚶貝比賣和蛤貝比賣治療大穴牟遲神，使他復生。蚶貝比賣刮貝殼、收集貝殼粉末，蛤貝比賣將貝殼粉末和蛤汁以及母乳一起塗在大穴牟遲神身上，如此一來，大穴牟遲神不僅復活，還變成一個英俊男子。

八十神看到大穴牟遲神神采奕奕，於是再把他騙入山中，砍下一棵大樹然後將楔子打進樹中。當大穴牟遲神進入樹木裂縫時，八十神拔出楔子，於是大穴牟遲神被樹木夾死。

大穴牟遲命生母刺國若比賣哭著到處找他，終於看到被樹木夾住的大穴牟遲神，趕緊劈開樹木把他拉出來，終於把他救活了。

刺國若比賣遂向大穴牟遲神說道：「你要是再留在這裡的話，遲早會被他們害死。」於是要他動身前往木國（令制國下的紀伊國）大屋毘古神的住處去，不過八十神追擊過來，正要搭弓射殺時，大屋毘古神讓大穴牟遲神從木架縫隙中逃走，並對他說道：「快去須佐之男命所在的根之堅州國！他一定能幫你想個好辦法。」

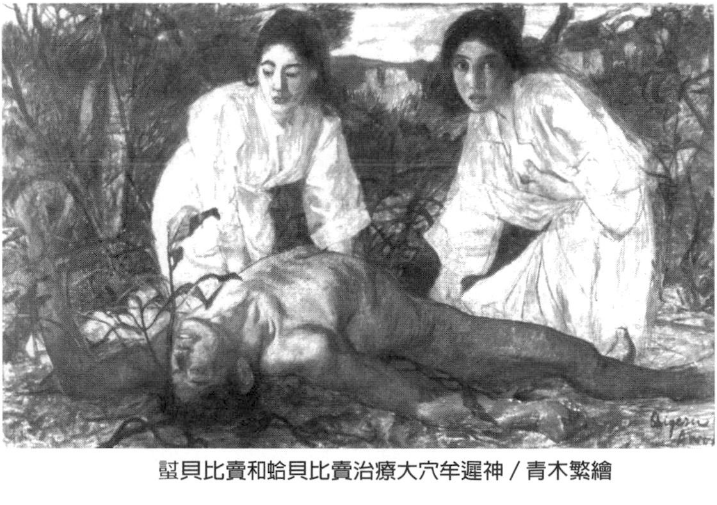

𧏛貝比賣和蛤貝比賣治療大穴牟遲神／青木繁繪

在根之堅州國的試煉

大穴牟遲神於是依照大屋毘古神的指示來到須佐之男命的住所，遇上外出的須佐之男命之女須勢理毘賣，兩人互看對眼當日就結婚。

須勢理毘賣回宮殿告訴父親：「外頭來了一位很俊美優秀的神。」須佐之男命出來看一眼，說道：「他就是葦原色許男（大國主神的別稱）。」於是召喚他進來，讓他睡在有蛇的房間。須勢理毘賣遞了一條蛇皮披肩給她的丈夫，說道：「要是有蛇要攻擊你，揮動披肩三次就可趕走牠們。」大穴牟遲神照他妻子所說的去做，果然整晚平靜，平安離開有蛇的房間。

第二天晚上須佐之男命帶他到另一個爬滿蜈蚣和蜜蜂的房間，須勢理毘賣又交給他可以退除蜈蚣和蜜蜂的披肩，並傳授和上一次同樣的方法，因此大穴牟遲神也平安度過一晚。

須佐之男命還將會發出聲響的鏑矢射往原野，然後命大穴牟遲神撿回來，當大穴牟遲神進入原野後，須佐之男命立即在原野放火，於是大穴牟遲神陷入火海。就在大穴牟遲神不知如何是好時，突然一隻小老鼠出現在他身邊對他說道：「下方別有洞天，外面火勢洶洶。」大穴牟遲神於是用力往地上踩，果然踩出一個大洞，往下一躍進入洞穴裡，此時火勢正好蔓延過來。之後老鼠將須佐之男命射出的鏑矢咬來交給大穴牟遲神，但是鏑矢上的羽毛已被老鼠的孩子們啃掉了。

須勢理毘賣以爲大穴牟遲神已死去，哭泣著準備葬禮用品，她的父親須佐之男命也認定大穴牟遲神已死而來到原野確認。然而當大穴牟遲神將鏑矢交給須佐之男命時，須佐之男命將他帶回家裡，叫他進入一個寬廣大房間，要他爲自己的頭上抓頭蝨。不過大穴牟遲神看到須佐之男命頭上滿是蜈蚣，他的妻子遞給他椋木的果實和紅土，要他咬碎椋木果實，把紅土放入口中和唾沫一起吐出，須佐之男命以爲他吐的

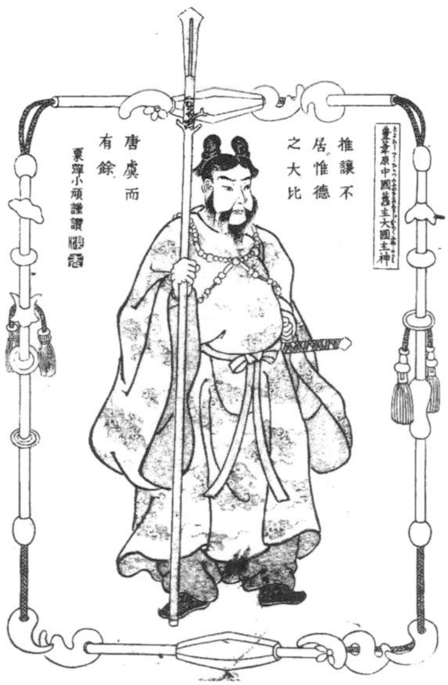

大國主神／歌川國芳繪

是咬碎後的蜈蚣，因而覺得他非同凡可，放鬆戒心睡著了。

大穴牟遲神抓起須佐之男命的頭髮，綁在房間裡的柱子上，用五百引的巨石堵住房門，背負妻子須勢理毘賣，趁機拿走須佐之男命的生大刀、生弓矢以及天詔琴逃脫。在逃走時天詔琴撞到樹而地動天搖，因此驚醒沉睡中的須佐之男命，他推倒房門，並解開綁在柱子上的頭髮，可是大穴牟遲神夫婦已遠遁而去。

接著，須佐之男命追至黃泉比良秕，遠遠看見大穴牟遲神，對他說道：「用你手上的生大刀、生弓矢，驅趕你的八十神兄弟到山坡的盡頭、河川的盡頭。你會成爲大國主神、宇都志國玉神，我的女兒須勢理毘賣會成爲你的正妻，以宇迦山山腳下的巨石做爲宮殿柱石，在高天原搭建直入雲霄的宮殿。」

大穴牟遲神於是拿著大刀、弓矢驅趕八十神，趕到山坡的盡頭、河川的盡頭後，才建立起自己的國家。

另外，大穴牟遲神也依照先前的約定和八上比賣結婚，雖然要帶她來出雲，但是八上比賣畏懼須勢理毘賣，因此把生下的兒子夾在樹枝間帶回稻羽，所以他們的兒子叫做木俣神，也稱爲御井神。

出雲建國

八千矛神（大國主神的別稱）想向高志國的沼河比賣求婚，於是他動身來到沼河比賣的家，唱著歌道：

我八千矛神在大和境內無法娶到讓我滿意的妻子，
聽說在遙遠的高志國有個賢明聰慧且又以美貌聞名的女子，
帶著雀躍的心情我前來求婚。
我尚未解下佩刀、連外褂也未脫下，
就已來到我思慕的美女家門外，
當我試著打開美女的家門時，山裡的鵺鳥鳴叫，
後來連原野的雉雞和庭院裡的公雞也跟著鳴叫。
這些鳴叫聲讓我感到生氣，我想把牠們打下來恢復寧靜，

飛翔在天空的使者，請將這些事情流傳下去。

沼河比賣聽到歌聲並未開門，而是在家裡也跟著唱道：

八千矛神啊！
我只是個纖弱的弱女子，
我的內心有如沙洲的水鳥般渴求有個可以倚靠的人。
雖然我現在是隻隨心所欲的鳥，但以後將會是聽憑你心意的鳥，
請不要殺害牠們。飛翔在天空的使者，請將這些事情流傳下去。
當太陽沒入青山後，我一定會在夜裡出來迎接你，
到時會展現如朝日般燦爛的笑臉對著你，
讓你愛撫我那皓白的素手以及雪白的酥胸，纏綿在一起。
請你以我皓白的素手為枕，伸直雙足舒適的睡上一覺，
所以暫且不要太焦躁，我的八千矛神，

請將這些事情流傳下去。

當晚沼河比賣並未和八千矛神見面，次日晚上兩人才見面。

八千矛神的正妻須勢理毘賣是位善妒的女神，八千矛神為此痛苦不堪，於是他想離開出雲到大和去旅行。就在他要出發時，單手按住馬鞍，單腳踩在馬蹬上，唱道：

穿著乾淨整潔的黑色衣服，像海上水鳥般看著胸前，
猶如振動翅膀般拍動上下袖子看看合不合身，
覺得不合身，又像波浪退潮般把衣服往後脫掉。
換上像羽毛一樣的青色衣服，像海上水鳥般看著胸前，
猶如振動翅膀般拍動上下袖子看看合不合身，
感覺這也不合身，又像波浪退潮般把衣服往後脫掉。
接著換上由山上種植的染料染成的藍色衣服，像海上水鳥般看著胸前，
猶如振動翅膀般拍動上下袖子看看合不合身，

覺得非常合身，連像水鳥振動翅膀般的擺動袖子都好看極了。
我心愛的妻子啊！
要是我像鳥群帶著一大批飛走或是混在鳥群中隨大家一起離去，
就算你逞強的說我不會放聲大哭，
私下大概也會像孤立在山腳下的一株芒草默默哭泣吧！
猶如朝雨化成霧氣籠罩四周，如嫩草般的吾妻，
請將這些事情流傳下去。

須勢理毘賣於是拿來大酒杯，走到丈夫身旁，舉起酒杯，唱道：

八千矛神！我的大國主啊！
您是男子漢之故，在各個島嶼、港口都有您的妻子吧！
而我只是一介弱女子，
除了您之外別無男人，除了您之外別無丈夫。

《日本書紀》與《古事記》名稱對照

《日本書紀》	《古事記》	念法（羅馬拼音）
	木俣神	Kinomatanokami
	御井神	Miinokami
	沼河比賣	Nunakawahime
味耜高彥根神	阿遲鉏高日子根神	Ajisukitakahikonenokami
下照姬	高比賣命	Takahimenomikoto
下照比賣命	下光比賣命	Shitateruhimenomikoto
無	神屋楯比賣命	Kamuyatatehimenomikoto
八重言代主神	事代主神	Kotoshironushinokami
無	八島牟遲能神	Yashimamujinokami
無	鳥耳神	Torimiminokami
無	鳥鳴海神	Torinaruminokami
無	日明照額田毘道男伊許知邇神	Hinaterunukatabichioikochininokami
無	國忍富神	Kunioshitominokami
無	葦那陀迦神	Ashinadatanokami
無	八河江比賣	Yagawaehime
	速甕之多氣佐波夜遲奴美神	Hayamikanotakesahayajinuminokami
	天之甕主神	Amenomikanushinokami
	前玉比賣	Sakitamahime
	甕主日子神	Mikanushihikonokami
	淤加美神	Okaminokami
	比那良志毘賣	Hinarashihime
	多比理岐志麻流美神	Tahirikishimaruminokami
	比比羅木之其花麻豆美神	Hihiragisonohanamaduminokami
	活玉前玉比賣神	Ikutamasakitamahimenokami
	美呂浪神	Mironaminokami
	敷山主神	Shikiyamanushinokami
	青沼馬沼押比賣	Aonuumanuoshihime

在苧麻織成的柔軟錦衾之下，
覆蓋在楮樹製成的棉被下，
讓您愛撫我那皓白的素手以及雪白的酥胸，纏綿在一起。
請您以我皓白的素手為枕，伸直雙足舒適的睡上一覺，
請您享用我奉上的甜美佳釀。

唱完後兩人杯觥交錯，喝起了交杯酒，訂下永不變心的誓約，互相以手環抱對方的頸子，直到現在依然和睦相處，這是相傳至今的神話。

大國主神又娶了位在胸形奥津宮（第一章提及的宗像大社）的女神多紀理毘賣命（《日本書紀》宗像三女神之一的田心姬），生下阿遲鉏高日子根神，接著生下的是妹妹高比賣命，也叫下光比賣命，這位阿遲鉏高日子根神是現今的賀茂大御神。大國主神又娶神屋楯比賣命，生下的孩子名爲事代主神。又娶八島牟遲能神之女鳥耳神，生下一子，名爲鳥鳴海神。此神娶日明照額田毘道男伊許知邇神，生子名爲國忍富神。此神娶葦那陀迦神，也叫八河江比賣，生下一子，名爲速甕之多氣佐波夜遲奴美神。此神娶天之甕主神之

女前玉比賣，生下一子，名爲甕主日子神。此神娶淤加美神之女比那良志毘賣，生下一子，名爲多比理岐志麻流美神。此神娶比比羅木之其花麻豆美神之女活玉前玉比賣神，生下一子，名爲美呂浪神。此神娶敷山主神之女青沼馬沼押比賣，生下一子，名爲布忍富鳥鳴海神。此神娶若盡女神，生下一子，名爲天日腹大科度美神。此神娶天狹霧神之女遠津待根神，生下一子，名爲遠津山岬多良斯神。

自八島士奴美神（須佐之男命與櫛名田比賣所生之子，請參閱第一章）以下，以至於遠津山岬帶神（即遠津山岬多良斯神）爲止，稱爲十七世神（實際上只有十五世）。

大國主神來到出雲御大的御前（現島根縣松江市美保關町）時，有一位坐在剝開的蘿摩果莢製成的船

《日本書紀》與《古事記》名稱對照

《日本書紀》	《古事記》	念法（羅馬拼音）
	布忍富鳥鳴海神	Nunooshitomitorinaruminokami
	若盡女神	Wakatsukushihimenokami
	天日腹大科度美神	Amenohibaraooshinadominokami
	天狹霧神	Amanosagirinokam
	遠津待根神	Tootsumachinenokami
	遠津山岬多良斯神	Tootsuyamasakitarashinokami
	神活須毘神	Kamuikusubinokami

大國主神遇見少名毘古那神／歌川國芳繪

隻上、身著蛾皮衣服乘浪而來的神。大國主神問這位神的姓名，他卻不答，又問了隨從眾神可有誰知道這位神的來歷，無人可以回答。這時跳出來一隻蟾蜍說道：「案山子一定知道那神的名字。」於是大國主神召稻草神來問，稻草神答道：「那是神產巢日神之子，名爲少名毘古那神。」大國主神於是向神產巢日御祖命（神產巢日神）求證，神產巢日御祖命說道：「是的，他的確是我兒子，是從我的手指間生出來的兒子。和你葦原色許男命是兄弟，你們應當一起建立並鞏固國家。」

從此以後，大穴牟遲神和少名毘古那神兩柱神共同建立並鞏固這個國家，可是不久之後，少名毘古那神渡海前往常世國（海的對岸的國家）。指認出少名毘古那神的案山子就是現在屹立山田中的稻草人，他雖沒有腳可以行走，卻是通曉天下之事的神。

大國主神憂愁的說道：「只有我一個人如何建立國家？有哪位神可以和我一起建立國家？」這時有位神照亮海面，走了過來說道：「只要你能用心祭祀我，我就協助你建國，不然憑你個人之力斷難獨立建國。」大國主神進一步問道：「我要怎麼祭祀你呢？」該神回答道：「請將我祭祀在圍繞大和國諸山中的東邊山頂上吧！」這個神就是坐鎮在御諸山（現稱爲三輪山，位於奈良縣櫻井市）上的神（大物主）

豆知識 大物主

大神神社（位於奈良縣櫻井市三輪，大和國一宮）以及讚岐金刀比羅宮（位於香川縣仲多度郡琴平町）的主祭神，又稱為三輪明神。擁有蛇神、水神、雷神的性格，是稻作豐收、驅除疫病、釀酒等方面的神，是鎮護國家的神祇，也能降臨災禍。依記紀神話的記載，大物主神之女成為日後神武天皇的皇后，是第二代天皇綏靖天皇的生母。

大年神（須佐之男命與神大市比賣之子，請參閱第一章）娶神活須毘神之女伊怒比賣，生下大國御魂神，其次爲韓神，其次爲曾富理神，其次爲白日神，其次爲聖神。大年神又娶香用比賣，生下大香山戶臣神，其次爲御年神。又娶天知迦流美豆比賣，生下奧津日子神，其次爲奧津比賣命，亦名大戶比賣神，這是眾人祭拜的 神。其次爲大山咋神，亦名山末之大主神，此神坐鎮在近淡海國的日枝山，也坐鎮在葛野松尾的鳴鏑之神。其次爲庭津日神，其次爲阿須波神，其次爲波比岐神，其次爲香山戶臣神，其次爲羽山戶神，其次爲庭高津日神，其次爲大土神，亦名土之御祖神，一共九柱神。

以上所記大年神之子從大國御魂神以下，到大土神爲止，共計十六柱神（其實共有十七神，但奧津比賣命爲女神，不列入其內，故爲十六神）。

羽山戶神娶大氣都比賣神（即第一章生產國土讚岐的別名大宜都比賣），生下若山咋神，其次爲若年神，其次爲妹若沙那賣神，其次爲彌豆麻岐神，其次爲夏高津日神，亦名夏之賣神。其次爲秋毘賣神，其次爲久久年神，其次爲久久紀若室葛根神。

以上所記羽山戶神之子到久久紀若室葛根神爲止，共計八柱神。

《日本書紀》與《古事記》名稱對照

《日本書紀》	《古事記》	念法（羅馬拼音）
	伊怒比賣	Inohime
	大國御魂神	Ookunimitamanokami
	韓神	Karanokami
	曾富理神	Sohorinokami
	白日神	Shirahinokami
	聖神	Hijirinokami
	香用比賣	Kayohime
	大香山戶臣神	Ookaguyamatominokami
	御年神	Mitoshinokami
	天知迦流美豆比賣	Amenochikarumiduhime
	奧津日子神	Okitsuhikonokami
	奧津比賣命	Okitsuhime
	大山咋神	Ooyamakuhinokami
	庭津日神	Niwatsuhinokami
	阿須波神	Asuhanokami
	波比岐神	Hahikinokami
	香山戶臣神	Kaguyamatominokami
	羽山戶神	Hayamatonokami
	庭高津日神	Niwatakatsuhinokami
	大土神	Ootsuchinokami
	若山咋神	Wakayamakuinokami
	若年神	Wakatoshinokam
	妹若沙那賣神	Imowakasanamenokami
	彌豆麻岐神	Midumakinokami
	夏高津日神	Natsutakatsuhinokami
	秋毘賣神	Akihimenokami
	久久年神	Kukutoshinokami
	久久紀若室葛根神	Kukukiwakamurotsunanenokami

第二章

天孫降臨

當建御雷之男神完成天照大御神、高木神指派的任務後，向太子正勝吾勝勝速日天忍穗耳命通報：「如今我已完成平定葦原中國的任務，請您遵照天照大御神的指示降臨統治葦原中國。」

太子正勝吾勝勝速日天忍穗耳命卻回答道：「當我準備降臨葦原中國之時，生下一子名為天邇岐志國邇岐志天津日高日子番能邇邇藝命，由他前去更為合適。」太子和高木神之女萬幡豐秋津師比賣命共生下天火明命及邇邇藝命二柱神。

於是太子召來邇邇藝命說道：「這一豐葦原水穗國交由你統治，你就聽命從天降臨吧！」

葦原中國的平定（讓國）

天照大神之子正哉吾勝勝速日天忍穗耳尊娶高皇產靈尊之女栲幡千千姬爲妻，生下天津彥彥火瓊瓊杵尊。外祖高皇產靈尊特別鍾愛這位外孫，有扶立天津彥彥火瓊瓊杵尊成爲葦原中國之主的念頭。不過，該地多有螢火光神及繩聲邪神，且草木亦能言語。因此，高皇產靈尊召集八十諸神（眾神之意）問道：「我想平定葦原中國的邪鬼，派遣誰較爲適合？爾等諸神，請勿隱瞞。」眾神討論後說道：「天穗日命是眾神中的翹楚，何不讓他試試看？」於是，高皇產靈尊聽從眾言，派天穗日命前去平定。可是此神卻向大己貴神示好，過了三年也不見回來覆命。因此，高皇產靈尊又派出天穗日命之子大背飯三熊之大人，也叫做武三熊之大人前去葦原中國，此神也和其父一樣，久久不回來覆命。

於是高皇產靈尊再度召集諸神，詢問派遣誰較爲適當。諸神齊道：「天國玉之子天稚彥是個勇士，可以讓他試試看。」於是高皇產靈尊賜天鹿兒弓及天羽羽矢給天稚彥做爲武器，派往地上。不過這柱神亦缺乏忠誠，一到地上人間便娶顯國玉（大己貴神的別稱）之女下照姬爲妻，說道：「我也想統馭葦原中國。」於是也不回來覆命。高皇產靈尊正爲天稚彥久久不覆命而感奇怪，於是派遣無名稚前往察看。飛翔在天上的無名稚停在天稚彥門前栽植的湯津杜木之樹梢上，天探女對天稚彥說道：「有隻奇怪的鳥停在樹梢上。」於是天稚彥拿起高皇產靈尊賜給他的天鹿兒弓，搭上天羽羽矢朝無名稚射去，無名稚當場被射死。不過，天羽羽矢射穿無名稚後飛往高天原，掉在高皇產靈尊座前。高皇產靈尊撿起箭矢一看，說道：「這不是我以前賜給天稚彥的箭嗎？莫非天稚彥在與國神作戰，箭上沾上血嗎？」於是拿起箭矢往下投擲，下墜的箭矢去勢極快，剛好穿透天稚彥的胸口。天稚彥正好忙完新嘗躺在床上休憩小睡，被箭矢穿透當場死去，正是人們所說的

天津彥彥火瓊瓊杵尊／歌川國芳繪

「反矢可畏」。

天稚彥之妻下照姬得知天稚彥死去，慟哭不止，哭聲上達天際。斯時，天國玉神聽聞如此哭泣聲，知天稚彥已死去，派遣疾風將屍體運送至上天，然後建造喪禮用的靈堂。以河雁擔任捧持祭祀死者食物及掃除的工作，以麻雀擔任舂米的工作，準備就緒後以八天八夜的時間，啼哭弔祭死者。

在此之前，天稚彥還在葦原中國時，有位和天稚彥友善的親友名爲味耜高彥根神，他得知天稚彥死去的消息後特地登天來弔唁。他的容貌和天稚彥相似，天稚彥的親屬妻子都說道：「我兒未死。」說完，依偎著味耜高彥根神和服的裙襬哭泣。被錯認爲天稚彥的味耜高彥根神脹紅了臉，怒道：「我是基於朋友的情誼，所以不懼屍體的汙穢遠來弔唁，表達哀悼之意，但你們卻把我錯認爲死者。」語畢，拔出配劍大葉刈斬毀靈堂，並將其踢落地上，形成一座小山，即是現在美濃國藍見川（今長良川）上的喪山（岐阜縣美濃市喪山天神社，附屬於大矢田神社，社格爲鄉社）。活著的世人厭惡被誤認爲死者，其由來即基於此。

於是高皇產靈尊再度聚集眾神，商討該選擇誰派往葦原中國。眾神皆道：「可讓磐裂、根裂神（第一章「產下眾神」段的石拆神、根拆神）的子磐筒男、磐筒女所生之子經津主神（香取神宮的主祭神）前去。」此時，住在天石窟的神是稜威雄走神（即《古事記》伊邪那岐命斬殺迦具土神的名刀天之尾羽張）之子甕速日神，甕素日神之子熯速日

神祇與神社

香取神宮，以經津主神為主祭神的神社，位於千葉縣香取市，下總國一宮，依《延喜式神明帳》社格屬於名神大社、官幣大社，是全日本約四百所香取神社的總本社，現為神社本廳的別表神社。可搭JR東日本成田線於香取驛下車。

鹿島神宮，以武甕槌神為主祭神的神社，位於茨城縣鹿島市，常陸國一宮，依《延喜式神明帳》社格屬於名神大社、官幣大社，是全日本約六百所鹿島神社的總本社，現為神社本廳的別表神社。可搭JR東日本鹿島線於鹿島神宮驛下車。經津主神、武甕槌神除了分別是香取神宮、鹿島神宮的主祭神外，後來也被藤原氏列為氏神，成為藤原氏的氏社春日大社的主祭神之一（另外的主祭神為中臣氏遠祖天兒屋命及其妻比賣神）。由於武甕槌神以白鹿為座騎，因此鹿成為鹿島神宮和春日大社的神使。

神，熯速日神之子武甕槌神（《古事記》裡的建御雷之男神，鹿島神宮的主祭神）。他不滿的說道：「又不是只有經津主神是勇者，我不會不如他。」眼見兩神互不相讓，高皇產靈尊只好以經津主神爲主，武甕槌神爲副前往平定葦原中國。

於是這兩尊神來到出雲，降落於五十田狹之小汀，拔出十握劍劍尖倒插地上，盤腿而坐。向大己貴神問道：「現今高皇產靈尊欲使其皇孫君臨地上統治葦原中國，因此先派吾等二神前來驅邪平定。關於讓國給皇孫之事，你意下如何？」對此大己貴神說道：「我先問過我兒子再來回覆。」此時大己貴神之子事代主神正在出雲國三穗之碕（今島根縣出雲市美保關地藏崎）享受垂釣之樂，亦有一說是獵鳥。於是經津主神和武甕槌神派出稻背脛爲使者搭乘熊野的諸手船，向事代主神傳達高皇產靈尊的命令，並命令要回傳事代主神的答覆。事代主神遂對使者稻背脛說道：「既然天神有此一問，而我父也承諾獻上國土，我更不敢不遵從。」之後便在海中築八重蒼柴籬，蹈船枻而離去。使者稻背脛回去後，如實向經津主神和武甕槌神覆命。

大己貴神如同其子所說之辭向二神說道：「既然我所依怙之子已離去，我也應該跟著離去才是。如果我抵抗的話，國內諸神想必也會和我一起抵抗，如今我選擇讓出國土，誰敢不從？」於是大己貴神將昔時平定出雲時所持象徵統治權之廣矛，授予二神。說道：「我持此矛而有治理國土之功，天孫若持此矛治理國家，定能長治久安，之後我將去隱居。」說完，大己貴神消失不見。經津主神、武甕槌神二神誅殺出雲境內不順從天孫的鬼神，然後返回高天原覆命。

武甕槌神

《古事記》的記載與《日本書紀》有很大的不同，要正勝吾勝勝速日天忍穗耳命統治葦原中國的並非高御產巢日神，而是天照大御神。高御產巢日神和天照大御神召集八百萬神（《日本書紀》爲八十諸神）聚集天安河，討論該派誰去平定。《日本書紀》只提眾神討論後決定派遣天穗日命，

《古事記》則記載思金神與八百萬神討論後向高御產巢日神及天照大御神推薦天菩比神，不過與《日本書紀》記載相同，天菩比神討好大國主命，經過三年不見回來覆命。

於是思金神又建議再派天津國玉神之子天若日子前去，高御產巢日神和天照大御神於是賜以天之麻迦古弓和天之波波矢給天若日子。天若日子到葦原中國後娶大國主神之女下照比賣爲妻，一待就是八年（《日本書紀》並未提及天雉彥待在葦原中國的具體時間）。

於是高御產巢日神和天照大御神又問諸神道：「天若日子久久不覆命，這次該派哪位神去問天若日子久滯不歸的原因？」諸神和思金神說道：「可遣雉名鳴女前去。」於是對雉名鳴女說道：「你去跟天若日子說道：『派你來到葦原中國是要你引導該國的粗狂眾神歸順，爲何過了八年遲遲不來高天原覆命？』」

於是雉名鳴女從高天原來到天若日子門前栽種的湯津楓樹上，詳實的向天若日子轉達高御產巢日神和天照大御神的話。天佐具賣認爲雉名鳴女的鳴叫聲聽來不吉利，要天若日子射下她。於是天若日子拿出天之麻迦古弓，搭上天之波波矢朝雉名鳴女射去，一箭貫穿雉名鳴女，由於力道過大，天之波波矢落在天安河之河原天照大御神和高木神（高御產巢日神之別名）之御所方才墜地。

高木神撿起箭來檢視，認定這是自己賜給天若日子的天之波波矢，拿給諸神觀看。說道：「如果天若日子遵循神意，以此箭與惡神作戰而不慎射到高天原來，那我將此箭擲回葦原中國時，他可平安無事。如果他心存邪念，此箭必會貫穿他的身軀。」說完便將天之波波矢往葦原中國投擲，正好貫穿在床上小憩的天若日子，天若日子於是在睡夢中死去，這就是諺語「雉之頓使」的由來。

有關天若日子葬禮的過程，《古事記》大致上與《日本書紀》出入不大，故略過不談，惟，天若日子的友人阿遲志貴高日子根神之妹高比賣命為彰顯其兄之名，唱道：

在高天原年輕的織女，她們頸上掛著成串的珠玉。
能越過兩座珠玉般山谷的神，只有阿遲治貴高日子根神啊！

這首歌稱為夷振（宮廷樂府的曲名）。

天照大御神再次問道：「這次要派遣誰去才好呢？」思金神和諸神討論後說道：「可派遣坐鎮在天安河上游的伊都之尾羽張神，如果不方便前往，也可由他的兒子建御雷之男神代爲前去。不過伊都之尾羽張神將天安河之河水堵塞，道路也被他封閉，其他神都不得其門而入，因此可遣天迦久神前往詢問。」於是派出天迦久神前去對伊都之尾羽張神說明來意，伊都之尾羽張神說道：「惶恐至極，但我恐怕無法勝任，不過吾子建御雷之男神更適合這個任務。」於是決定由建御雷之男神接下任務，天照大御神讓建御雷之男神接下前往葦原中國的任務，天照大御神另外又派出天鳥船神隨同建御雷之男神出發（與《日本書紀》中經津主神、武甕槌神二神互不相讓迥異）。

建御雷之男神、天鳥船神二柱神降臨在出雲國伊那佐的海濱，之後的作爲與對話大致上與《日本書紀》相同，不過在《古事記》建御雷之男神派天鳥船神前去探聽八重言代主神讓國的意願，這點與《日本書紀》有所出入。

在《日本書紀》事代主神對於讓國之事並未有反對意見，出雲就此轉讓給天照大神的子孫。《古事記》則記載建御雷之男神、天鳥船神二柱神對大國主命問道：「現在你的兒子八重言代主神已同意讓國，你還有其他兒子反對嗎？」大國主神說道：「我還有一名爲建御名方神（諏訪大社的主祭神）的兒子，除此之外再也沒有了。」大國主神話還沒說完，建御名方神已舉起一塊千引（一引爲十丈，形容巨石）之石跑來，怒氣沖沖的說道：

「誰在我們的國土上竊竊私語，來比比誰的力氣大吧，先讓我抓住你的手。」說完馬上要抓住建御雷之男神的手，但是建御雷之男神的手先是變成了冰，當建御名方神抓住之後又變成了劍刃，建御名方神畏懼而後退。接著換建御雷之男神抓住建御名方神之手，建御雷

神祇與神社

諏訪大社，以建御名方神為主祭神的神社，位於長野縣諏訪湖周圍四社，信濃國一宮，依《延喜式神明帳》社格屬於名神大社、官幣大社，現為神社本廳的別表神社，是全日本約二萬五千所諏訪神社的總本社。一般所謂的諏訪大社可分為上社和下社，上社包含本宮（長野縣諏訪市）和前宮（長野縣茅野市），下社包含秋宮和春宮（皆位在長野縣諏訪郡下諏訪町），換言之，諏訪大社實由二社四宮所構成。上社和下社的主祭神皆為建御名方神和八坂刀賣神（建御名方神之妃，「記紀神話」並未記載），下社的主祭神還增加八重事代主神。建御名方神和經津主神、武甕槌神（建御雷之男神）是「記紀神話」中的三大軍神，廣受之後日本各地方武士團景仰、膜拜。上社的本宮和前宮可在JR東日本中央本線茅野驛下車，下社的秋宮和春宮則在JR東日本中央本線下諏訪驛下車。

之男神猶如摘下蘆葦嫩葉般的甩了出去，建御名方神趁機逃跑，建御雷之男神在後緊追不捨。來到科野國（信濃國）的州羽海（諏訪湖）終於被建御雷之男神追上，建御雷之男神想殺掉建御名方神，建御名方神求饒道：「請不要殺我，我要是離開這個湖就沒有地方可去，我再也不違背我父大國主神之命令，也不違背八重事代主神（即八重言代主神）的話，我願服從天神御子之命，獻上葦原中國。」

建御雷之男神又回到出雲問大國主神道：「你的兩位孩子八重言代主神和建御名方神都已願意服從天神御子之命，你還有不同的意見嗎？」

大國主神回答道：「我也和我兩個兒子一樣，不再違背，將葦原中國獻給天神御子。不過我希望當天神御子統治葦原中國時，能在我的住處建造如天神御子繼位時的雄偉宮殿來祭祀我，如此一來我將會退隱到遙遠的幽界去。我的兒子百八十神，以及八重事代主神都會如僕人般侍奉在御神之子跟前，不會有所違背。」

大國主神說完自行前往出雲國多藝志之小濱，在該地建造天之御舍。

水戶神之孫櫛八玉神爲廚師烹調飲食，當獻上神饌時，櫛八玉神變身成鵜，潛到海底銜起泥土製成裝食物的容器，又割下海菜的莖做成烤火架，以海藻的莖做成鑽火杵。當火

《日本書紀》與《古事記》名稱對照

《日本書紀》	《古事記》	念法（羅馬拼音）
栲幡千千姬	萬幡豐秋津師比賣命	Takuhatachijihime
天津彥彥火瓊瓊杵尊	天邇岐志國邇岐志天津日高日子番能邇邇藝命	Amatsuhikohikohononiniginomikoto
大背飯三熊之大人	建比良鳥命	Oosobinomikumanoushi
天國玉	天津國玉神	Ametsukunitama
天稚彥	天若日子	Amenowakahiko
顯國玉		Utsushikunitama
天探女	天佐具賣	Amanosagume
經津主神		Futsunushinokami
稜威雄走神		Itsunoohashirinokami
熯速日神		Hinohayainokami
武甕槌神		
稻背脛		Inasehaginomikoto
	天迦久神	Amenokakunokami
	天鳥船神	Amenotorifunenokami
	建御名方神	Takeminakatanokami
	水戶神	Minatonokami
	櫛八玉神	Kushiyatamanokami

生起時，櫛八玉神說道：「我所鑽出來的火，可以燒到高天原神產巢日御祖命華麗的新宮殿那樣高，燒得地下的土石變得像磐石般堅固。伸展千尋長的楮繩到海上，釣起那嘴大尾直的鱸魚，獻上擺滿桌子的魚料理。」

於是，建御雷之男神返回高天原，報告平定葦原中國的經過。

天孫降臨

高皇產靈尊以眞床追衾覆蓋在皇孫天津彥彥火瓊瓊杵尊身上，使他從高天原降臨到葦原中國地上，皇孫從高天原的天磐座出發，撥開層層圍繞的天八重雲，迫於他的威嚴而爲他開道，最終降臨在日向國高千穗峰。皇孫下高千穗峰後，先後前往浮渚在平處、膂宍之空國、頓丘覓國而後來到吾田長屋笠狹之碕（鹿兒島縣南さつま市野間岬）。

皇孫在該地遇到一位名爲事勝國勝長狹的神，皇孫問道：「你有無領地？」事勝國勝長狹回答：「我的領地就在這兒，懇請務必在此遊歷。」於是皇孫就停留在事勝國勝長狹的領地內。當時，事勝國勝長狹領地內有一美女，名爲鹿葦津姬，又名木花之開耶姬。皇孫問美人道：「你是誰人家的女兒？」鹿葦津姬答道：「我是天神娶大山祇神之女所生的女兒。」於是皇孫當晚就在鹿葦津姬家裡過夜。只過一晚的時間鹿葦津姬便懷上身孕，皇孫難以置信，說道：「就算是天神也不可能一夜就讓女性懷孕，你肚子裡一定不是我的孩子。」鹿葦津姬聽後忿恨不已，築了間沒有窗戶的產室，閉居其內，起誓道：「如果我所

天津彥彥火瓊瓊杵尊降臨在日向國高千穗峰／歌川國芳繪

懷的不是天孫之子，就讓他活活被火燒死；反之，如果是天神之子，那麼火是傷害不了他的。」說完便從產室放火，剛開始冒煙時生下之皇子命名爲火闌降命，是隼人的始祖。接著是爲了避熱而生下的皇子名爲彥火火出見尊，接著出生的皇子名爲火明命，是尾張連的始祖，合計生下三位皇子。過了很久之後天津彥彥火瓊瓊杵尊去世，埋葬在筑紫國日向可愛之山陵。

《古事記》這段的記載較《日本書紀》詳盡。當建御雷之男神完成天照大御神、高木神指派的任務後，向太子正勝吾勝勝速日天忍穗耳命通報：「如今我已完成平定葦原中國的任務，請您遵照天照大御神的指示降臨統治葦原中國。」太子正勝吾勝勝速日天忍穗耳命卻回答道：「當我準備降臨葦原中國之時，生下一子名爲天邇岐志國邇岐志天津日高日子番能邇邇藝命，由他前去更爲合適。」太子和高木神之女萬幡豐秋津師比賣命共生下天火明命（有些書籍認爲即是彥火火出見尊的兄弟火明命，不過輩分上有誤）及邇邇藝命二柱神。於是太子召來邇邇藝命說道：「這一豐葦原水穗國交由你統治，你就聽命從天降臨吧！」

當日子番能邇邇藝命將從天降臨時，在連接高天原到葦原中國間的叉路天之八衢旁，坐著一位神。天照大御神、高木神見狀，召來天宇受賣神，說道：「你雖是個弱女子，但你精神力勝過常人，因此我們派你前去問此人：『天神之子要降臨到地上，擋在前面的是誰？』」天宇受賣神依照指示詢問，那人答道：「我乃國神，名爲猨田毘古神（遍布日本全國猿田彥神社的主祭神），之所以出現在此地是因爲聽聞天神御子要降臨到地上，因此特地來此迎接，希望能成爲他的嚮導。」

天照大御神又加派天兒屋命、布刀玉命、天宇受賣命、伊斯許理度賣命、玉祖命等五部族族長隨同皇孫降臨。天照大御神將準備好的八尺勾璁、鏡以及草那藝劍（以上三物即爲象徵天皇正統地位的三大神器）交由思金神、手力男神以及天石門別神，並要他們傳喻眾神：「這面鏡子就像是我的靈魂一樣，要如同祭拜我那樣供奉此鏡。思金神負責掌管神宮的政務。」

猨田毘古神與天宇受賣神／葛氏北齋繪

這二柱神（指天照大御神和思金神）現在被祭祀在五十鈴川旁的伊勢神宮之內宮，登由宇氣神則坐鎮在伊勢神宮的外宮。天石門別神，亦名櫛石窗神，又名豐石窗神，此神乃是御門之神。手力男神坐鎮在佐那那縣（今三重縣多氣郡多氣町佐那神社）。所以天兒屋命是中臣連、布刀玉命是忌部首（後改爲齋部）、天宇受賣命是猿女君、伊斯許理度賣命爲作鏡連、玉伊勢神宮，位在三重縣伊勢市，屬於二十二社中的上七社，雖非伊勢國一宮，然社格位居日本所有神社之上，以皇室祖先天照大御神為主祭神的神社，在中世紀與京都石清水八幡宮並稱「二所宗廟」。

一般所謂的伊勢神宮其實包含外宮和內宮，兩者皆位於今日三重縣伊勢市，外宮主祭神為豐受大御神（即內文的登由宇氣神），其父為伊邪那美命生下火之夜藝速男神被灼傷陰部時從尿液中生成之神和久產巢日神，象徵穀物豐收。內宮主祭神為天照大御神，禁止天皇以外的人奉幣。在古代從皇室成員中選出代替天皇在伊勢神宮侍奉祖神，由於是侍奉祖神，因此人選從未婚的內親王（天皇的姐妹或皇女）或女王（親王或其他關係較遠的皇族成員之女）當中遴選，代替天皇待在伊勢神宮的未婚內親王或女王最初被稱為齋王，平安時代為與賀茂神社的齋王有所區別，伊勢神宮的齋王稱為齋宮，賀茂神社的齋王則稱為齋院。據《日本書紀》記載，最早的齋宮是崇神天皇（第十代）在位時因疫病流行，天皇在祈求祖靈庇佑時得天照大御神神諭，命皇女豐鍬入姬命前往倭的笠縫邑（位置未定，有奈良縣櫻井市笠山荒神社、檜原神社、志貴御縣坐神社、小夫天神社、穴師坐兵主神社、高市郡明日香村飛鳥坐神社、磯城郡田原本町多神社、笠縫神社等說法）進行祭祀。

天武天皇即位後為答謝「壬申之亂」戰勝祈願，以皇女大來皇女為齋宮，將齋宮制度化。日後每逢新天皇即位，由龜甲占卜方式選定齋宮，但並未明確規定齋宮的任期，通常在數年到十年之間，最高有三十三年之久的齋宮。齋宮制度到鎌倉幕府滅亡時的一三三三年作廢，最後一任齋宮是後醍醐天皇之女祥子內親王，歷任齋宮遺跡現改建為齋宮歷史博物館。

除齋宮之外，伊勢神宮還有一大特色，即每二十年一次的式年遷宮，式年遷宮即定期舉行的遷宮之意，每二十年將所有社殿建材更新。最初的式年遷宮在六九〇年持統天皇在位時，應仁之亂後到戰國時代因長年戰亂中斷約一百二十年，最初的式年遷宮是內宮和外宮分開進行，先是內宮進行，兩年後才輪到外宮。隨著豐臣秀吉取得信長繼承權，戰國紛亂逐漸邁向統一，式年遷宮也在一五八五年恢復，改成內宮外宮一起遷宮，此後成為定例，最近一次式年遷宮於二〇一三年進行。

祖命爲玉祖連等氏族的遠祖。

天照大御神向邇邇藝命下降臨之詔，於是邇邇藝命離開高天原，撥開層層圍繞的天八重雲層，帶著神威走出一條道路，從天之浮橋降臨至筑紫日向高千穗之久士布流多氣。天忍日命和天津久米命兩人，一個揹負天之石箭袋、腰配頭椎之大刀，另一個一手持天之波士弓、一手拿著數支天之眞鹿兒矢，站在天孫兩側聽候使喚。

木花之開耶姬（木花之佐久夜毘賣）／歌川國芳繪

天忍日命是大伴連的始祖，天津久米命是久米直之祖。

邇邇藝命說道：「此地與韓國遙遙相對，有筆直的道路通往笠紗之御前（笠紗岬），是朝日直接照射之國，是經常能看見明亮夕陽之國，是個很好的吉地。」於是在地底磐石上豎立大宮柱，建造屋頂高聳直入高天原的宮殿。

邇邇藝命對天宇受賣命說道：「那位說要來當響導的猨田毘古大神，我們並不清楚他的底細，交由你去問清楚。另外你要冠上該神的御名侍奉神的子孫。」於是天宇受賣命冠上猨田毘古之男神之名而成爲猨女君，這是女性被稱呼爲猨女君的由來。

猨田毘古神坐鎮阿邪訶（位於三重縣松阪市，境內有三座阿射加神社，主祭神皆爲猿田彥大神）時，爲捕魚而遭比良夫貝夾到手，遭其拖至海中溺死。當他沉到海底時，他的名字稱爲底度久御魂；當海水因此而冒泡，又得另一新名爲都夫多都御魂；當泡沫破裂時，則被稱爲阿和佐久御魂。

天宇受賣命送走猨田毘古神回程途中，召集海中所有有鰭的魚類問道：「你們願意侍奉天神御子嗎？」所有魚類都回答：「願意。」只有海鼠未回答。天宇受賣命對海鼠說道：「你的嘴巴是張無法開口的嘴。」說完，拿出一把附有繩子的小刀切開海鼠的嘴，因此到現在海鼠的嘴還是裂開的。在天皇的時代志摩國獻上的每年漁獲量都會分給猨女君們。

以上是天孫降臨部分《古事記》和《日本書紀》的差異處，可以看出存在蠻大的差異。至於邇邇藝命遇到木花之佐久夜毘賣的經過，與《日本書紀》大致相同，故略過不提。惟，當邇邇藝命知道木花之佐久夜毘賣的出身後，又補問一句：「你有兄弟姐妹嗎？」木花之佐久夜毘賣回覆道：「我有一姐名為石長比賣。」邇邇藝命說道：「我想和你結婚，你願意嗎？」木花之佐久夜毘賣回覆道：「我無法回覆你，請你去跟我父親說吧，他會給你答案。」於是邇邇

《日本書紀》與《古事記》名稱對照

《日本書紀》	《古事記》	念法（羅馬拼音）
事勝國勝長狹	鹽椎神	Kotokatsukunikatsunagasa
鹿葦津姬	神阿多都比賣	Kashitsuhime
木花之開耶姬	木花之佐久夜毘賣	Konohananosakuyabime
火闌降命	火照命	Honosusorinomikoto
彥火火出見尊	火遠理命	Hikohohodeminomikoto
火明命	火須勢理命	Honoakarinomikoto
	天火明命	Amenohoakarinomikoto
猿田彥命	猨田毘古神	Sarutahikonokami
石凝姥命	伊斯許理度賣命	Ishikoridomenomikoto
	玉祖命	Tamanooyanomikoto
	天石門別神	Amanoiwatowakenokami
	登由宇氣神	Toyoukenokami
稚產靈	和久產巢日神	Wakumusubinokami
天忍日命	天忍日命	Amenooshihinomikoto
天津久米命	天津久米命	Amatsukumenomikoto
磐長姬	石長比賣	Iwanagahime

藝命遣人去向大山津見命求婚，大山津見命大喜，準備很多陪嫁物品當嫁妝，連同姐姐石長比賣一起嫁給邇邇藝命。姐姐石長比賣長相甚爲醜陋，邇邇藝命看過後感到恐懼，於是送回大石津見神之處，只留下其妹木花之佐久夜毘賣，當晚兩人就結婚。

大山津見命看到石長比賣被送回感到非常的羞愧，派人向邇邇藝命傳話：「我同時嫁兩個女兒給你是有原因的，你要是娶了石長比賣，天神御子的壽命雖遭風吹雨淋，也能如岩石般堅若磐石。娶木花之佐久夜毘賣生命將會像木花盛開般繁榮，如今你遣回石長比賣，獨留下木花之佐久夜毘賣，天神御子的壽命也將如木花般短暫。」因此自古至今，天皇的壽命皆不久長。

《古事記》木花之佐久夜毘賣產子的過程與《日本書紀》如出一轍，因此略過不提。

山幸彥和海幸彥

哥哥火闌降命以海幸（「幸」指狩獵或捕魚的道具）維生，弟弟彥火火出見尊則以山幸維生。最初，兄弟兩人曾談道：「想試著交換彼此謀生的工具看看。」於是兩人便交換工具。海幸的火闌降命在山上狩獵，山幸的彥火火出見尊在海邊釣魚，兩人交換工具和場所的結果是兩人均一無所獲。爲此火闌降命感到後悔，歸還弓矢給彥火火出見尊並要求他也歸還釣鉤給自己。不過，彥火火出見尊早已遺失兄長的釣鉤，遍尋不至，於是另行製作新釣鉤歸還兄長。然而火闌降命並不接受，他要求彥火火出見尊必須歸還原先借給他的釣鉤。苦惱的彥火火出見尊只得毀壞自己的橫刀以鍛造出許多新釣鉤，但是依然不能減輕火闌降命的怒氣，他盛怒之下說道：「找不回我原來的釣鉤，鍛造再多送給我都沒用。」不斷催促彥火火出見尊去找尋失物。爲此彥火火出見尊心煩意亂，徘徊海邊，望海興嘆。某日又在海邊徘徊時遇見一鹽土老翁（即前述皇孫天津彥彥火瓊瓊杵尊遇見的事勝國勝長狹），老翁問道：「你爲何看來一臉苦惱？」彥火火出見尊於是將整件事情的始末原本的說給老翁聽，老翁聽完後淡然一笑，說道：「不用擔心，我可以幫你解決的。」說完，老翁製作一個無目籠，彥火火出見尊進籠之後沉入海底，然後無目籠抵達可憐小汀，到此地後捨棄無目籠改以步行，不久便抵達海神之宮。海神的宮殿被周圍大大小小的垣牆包覆，殿門前有一口井，井旁有一棵生長高大、枝葉茂密的湯津杜樹。彥火火出見尊就站在樹蔭底下，不久，一美少女打開門扉現身，拿起玉鋺要到井邊汲水，少女抬頭見到陌生人，嚇

彥火火出見尊／月岡芳年繪

得連忙返回宮中，對父母說道：「門前樹下來了一位稀客。」海神於是鋪了八重榻榻米，邀請貴客入內。待貴客就座完畢後問其來意，彥火火出見尊於是將事情的來龍去脈說了一次。聽完後海神召集海中大大小小的魚，一一詢問是否有釣鉤的下落，眾魚回答道：「沒看過這樣的釣鉤，不過赤女（鯛的一種）近來似乎有口疾。」

於是，找來赤女看看她的嘴巴，終於找到了失落的鈞鉤。

之後，彥火火出見尊遂娶海神之女豐玉姬爲妻，在海神之宮一住三年。住在異地雖然很安樂，但彥火火出見尊仍有懷念故鄉之情，因而經常嘆息。豐玉姬聽到彥火火出見尊的嘆息聲，就跟她的父親說道：「天孫近來鬱鬱寡歡，大概是思鄉情重。」海神於是叫來彥火火出見尊，從容的對他說道：「天孫若想返回故鄉，我定當送你回去。」同時把先前在赤女口中找到的鈞鉤一併交給彥火火出見尊，說道：「把這支鈞鉤歸還給你兄長，記得在交還時請先私下念著『貧鉤』然後再還給他。」然後又拿出潮滿瓊和潮涸瓊兩樣寶物交給彥火火出見尊，並傳授他使用的方法：「把潮滿瓊放在水中會使水滿潮，必然會使你兄長溺水，如果他願意痛改前非並向你認錯，你再將潮涸瓊放入水中潮水會自動退去，以此解救他。交互使用令他感到困擾，必能使他降伏於你。」當彥火火出見尊即將離去時，豐玉姬現身說道：「妾已懷孕，不久將生產。到時妾會擇一風大浪大之日出現在海邊，請爲我建好產房以待。」

彥火火出見尊返回後果眞以海神傳授的方式對付其兄，火闌降命被困在其中，只得降伏，說道：「從今以後我將以表演的身分成爲你的子民，請你務必開恩！」火闌降命的祈求最終得到赦免，成爲吾田君小橋的祖先（在「天孫降臨」段提及是隼人的祖先）。

之後，豐玉姫果然依照約定帶著妹妹玉依姫在風雨交加時來到海邊。將要生產時，豐玉姫說道：「我在生產之時，無論如何請不要窺看。」不過天孫終究忍不住偷看，只看到豐玉姫在產子時竟化身爲龍。豐玉姫對於自己眞實的姿態被天孫看到，感到非常的羞辱，說道：「如果我此次沒有受到如此恥辱的話，今後海陸間仍會相通，也不會永遠分別。可是現在遭逢奇恥大辱，海陸相通的道路已斷絕，是否還有和睦相處之道呢？」說完，將生下的御子以草裹身，丟棄在海邊，關閉海上的道路立即離去，生下的兒子命名爲彥波瀲武

豆知識

滿珠島、干珠島

滿珠島、干珠島，《日本書紀》記載可以讓海水滿潮的是潮滿瓊，讓海水退潮的是潮涸瓊，但並沒有確切記載兩物的形狀（《古事記》明確記載鹽盈珠和鹽乾珠是兩顆明珠），因此流傳潮滿瓊和潮涸瓊是兩座島的傳說。位在瀨户內海周防灘的兩個無人小島滿珠島、干珠島（隸屬山口縣下關市長府）長久以來被視為《日本書紀》記載的潮滿瓊和潮涸瓊。

鸕鶿草葺不合尊。不久之後，彥火火出見尊去世，埋葬在日向高屋山上陵。

《古事記》的記載與《日本書紀》略有差異，而且敘述的順序也不盡不同。火照命同樣身爲在海中捕捉大大小小魚類的漁夫，火遠理命同樣爲在山中獵取各種野獸的獵人，但提出交換彼此獵具的則成爲火遠理命，他對火照命說道：「我們交換彼此的獵具看看。」說了三次但火照命都不答應，但最後還是應允火遠理命的要求。火遠理命拿著哥哥的釣鉤到海邊釣魚，但始終釣不到一條魚，還不慎將釣鉤掉到海裡。這時，火照命來向他要回自己的釣鉤，並說道：「在山中狩獵或是在海裡捕魚，使用各自的獵具才會順手，所以我要拿回我自己的釣鉤。」弟弟火遠理命回答道：「我用你的釣鉤一條魚也釣不到，而且還掉落到海裡去。」然而哥哥硬要他歸還，火遠理命不得已，只得將身上配戴的十拳劍毀壞，作成五百支釣鉤來賠。但火照命不

海神之女豐玉姬／歌川國芳繪

接受，火遠理命再作一千支，火照命說道：「我只要我原來的那支鈎鉤。」
無計可施的火遠理命只能坐在海邊哭泣，鹽椎神聽到他的哭聲便問道：「爲何虛空津日高哭泣得如此傷心？」火遠理命答道：「我和哥哥交換獵具，我卻遺失他的鈎鉤，哥哥要我還他鈎鉤，我製作許多鈎鉤要賠他，哥哥都不接受，跟我說他只要原來的鈎鉤，我不知道從何找起，只能坐在這兒哭泣。」鹽椎神接著說道：「原來如此，我幫你想個好方法吧！」說完用竹子編成一隻密不透風的小船讓火遠理命坐在其中，鹽椎神對他說道：「我幫你推船，你要維持船隻向前航行。不久會出現一條航路，順此航路前行將會看到一座用魚鱗建成的宮殿，那就是綿津見神的宮殿。宮殿門旁的水井有棵湯津杜樹，爬上去坐在樹上，海神的女兒看到你一定會和你說話，可以請她幫忙。」
火遠理命依照鹽椎神的指示向前行，果然依鹽椎神所說抵達龍宮，上岸後火遠理命爬上湯津杜樹等待海神之女的出現。不久海神之女豐玉毘賣的婢女拿著玉器到井邊汲水時，看到泉水中倒映著人影，抬頭一看發現坐在樹上的英俊青年，因而感到訝異。火遠理命也看到婢女，遂從樹上下來向她要水喝，婢女用玉器盛滿水遞給火遠理命。火遠理命接過玉器卻不喝水，反而解下掛在脖子上的鍊珠，把鍊珠上的玉含在嘴裡，吐在盛水的玉器，玉於是附著在玉器上，婢女無法取下，只好進門向豐玉毘賣命求救。

豐玉毘賣命一見到附著在玉器上的玉，向婢女問道：「門外是否有人？」婢女答道：「有人，坐在水井邊湯津杜樹上，是個非常英俊的男子，比我們國王還要尊貴。因爲他向我要水喝，我用玉器盛滿水遞給他，他不但不喝，還朝玉器吐了這顆玉。我扯不開玉，只好連同玉器一起拿來給您看。」豐玉毘賣命感到奇怪，便出宮門察看，只看火遠理命一眼就對他一見鍾情，對他眨眨眼。然後進宮門對父親說道：「我們家門外來了個英俊男子。」海神親自出門察看，說道：「這位是天津日高之御子虛空津日高。」說完便請他進宮，鋪上八層海驢皮，然後又鋪上八層絹絲，請他坐在上面，拿出美味佳餚宴請他，並讓他娶豐玉毘賣命，於是火遠理命在這裡住了三年。

火遠理命回想起尋找鈎鉤的往事，不覺大嘆一口氣。豐玉毘賣命聽到他的嘆息聲，對父親說道：「火遠理命在此住了三年，三年來從未聽過他嘆息，昨晚卻大大嘆了一口氣，不知有何原因。」於是她的父親大神就向女婿問道：「早上我聽我女兒說：『他在此住了三年，三年來從未聽過他嘆息，昨晚卻大大嘆了一口氣。』是不是有什麼難言之隱？還有，你出於什麼樣的緣故來到我的國土？」火遠理命於是將他的兄長責備他弄丟鈎鉤的事詳細的對大神做說明。於是海神聚集海中所有大大小小的魚，問道：「是否有魚拿了這支鉤鉤？」眾魚說道：「近來有赤海鯽魚抱怨道：『喉嚨被東西刺到，無法進食。』一定是他誤吞了鉤鉤。」

於是找來赤海鯽魚看看他的喉嚨，果然發現鉤鉤。取下後洗乾淨交給火遠理命，綿津見大神對火遠理命說道：「當你將此鉤鉤歸還兄長時，請跟他說：『這是一支會讓人變得憂鬱的鉤鉤，是支會讓人坐立難安的鉤鉤，是支會使人貧窮的鉤鉤，是支會讓人變笨變傻的鉤鉤。』背對他將鉤鉤遞給他。他若在高處種田，你就往低地種田；若他在低地種田，你就到高處種田，因爲是我在支配水源，三年之內，你哥哥一定會家道中落。如果他對此事懷恨在心而想攻擊你，拿出鹽盈珠引來潮水讓他溺水，如果他向你求饒改拿鹽乾珠解救他，這麼一來他就不敢再找你麻煩。」說完，送給火遠理命鹽盈珠和鹽乾珠共兩顆。

然後，綿津見大神召集海中所有鱷魚來問道：「現在天津日高御子虛空津日高要回到人間的葦原中國，有誰可以在幾天內送他回去並回來覆命？」鱷魚們各自說出自己的身長以及所需的日數，有一隻身長一尋（約一點八公尺）的鱷魚說道：「我一天就能送他回去，然後回來覆命。」大神對這隻一尋身長的鱷魚說道：「就由你送他回去，通過海中的時候別讓他嚇到了。」大神接著叫火遠理命坐在這隻一尋身長的鱷魚脖子上，如期在一天之內將火遠理命送回葦原中國。當鱷魚要返回時，火遠理命將隨身佩帶的小刀繩子解開，繫在鱷魚脖子上，所以到今天一尋鱷魚仍被稱爲「佐比持神」。（作者按：彥火火出見尊（火遠理命）到海神宮殿的故事，其實可視為浦島太郎的原始版本。）

回到葦原中國後，火遠理命按海神的指示歸還鈎鉤給火照命，之後火照命日子愈來愈窮困，終日惶惶不安，最後終於對火遠理命發起攻擊。火遠理命拿出鹽盈珠讓火照命溺水，火照命相火遠理命求饒時，火遠理命拿出盈乾珠解救他，如此循環數次，火照命相火遠理命伏首說道：「從今以後我願意晝夜守護你、侍奉你。」到現在火照命的子孫們仍代代表演當時火照命沉溺在海中的動作以服侍宮廷。

海神之女豐玉毘賣命從海中來到葦原中國，對火遠理命說道：「我已懷有身孕，現在產期將至，我覺得不可以讓天神之子在海裡出生，所以我就到這裡來生產。」火遠理命馬上命人在海邊搭建一棟以鵜鳥羽毛爲屋頂的產房，還沒蓋好豐玉毘賣命的肚子突然陣痛起來，眼見小孩即將出世，豐玉毘賣命提前進入產房。臨前對火遠理命說道：「他國人生產時皆以原來的形體生產，我也將化成原來的形體生產，請你不要在我生產時在旁觀看。」

火遠理命對這番話感到奇怪，於是躲在一旁窺探生產過程，卻看到豐玉毘賣命化爲一隻八尋長的巨鱷伏在地上，不停翻滾，火遠理命看到這一幕嚇得連滾帶爬跑走了。豐玉毘賣命知道火遠理命已經看到她的原始樣貌，感到異常羞憤，生下孩子後，對火遠理命說道：「以往我經常藉由海裡的通道往來於兩地，但你偷看我的形體讓我非常的羞愧。」說完封閉海裡的通道，回到海底的世界，豐玉毘賣命留下的小孩命名爲天津日高日子波限建鵜葺草葺不合命。

豐玉姬（豐玉毘賣命）產子／楊洲周延繪

豐玉毘賣命雖恨火遠理命偷看她生產，內心終究仍愛戀著火遠理命，遂以養育孩子爲由，託妹妹玉依毘賣帶首歌給火遠理命。內容爲：

紅玉晶瑩剔透，雖也襯托珠繩的光亮，
但是你白玉般的容貌更為高雅脱俗。

火遠理命讀後也回贈一首歌：

遙遠的海邊，是野鴨棲息之處，
和我共眠的可愛妻子，我永生難忘。

火遠理命居住在高千穗宮，享壽至五百八十歲，他的陵寢在高千穗山的西邊。

《日本書紀》與《古事記》名稱對照

《日本書紀》	《古事記》	念法（羅馬拼音）
豐玉姬	豐玉毘賣命	Toyotamahime
玉依姬	玉依毘賣命	Tamayoribime
彥波瀲武鸕鷀草葺不合尊	天津日高日子波限建鵜葺草葺不合命	Hikonagisatakeugayafukiaezunomikoto
	虛空津日高	Soratsuhiko
	佐比持神	Saimochinokami
彥五瀨命	五瀨命	Hikoitsusenomikoto
稻飯命	稻氷命	Inainomikoto
三毛入野命	御毛沼命	Mikeirinonomikoto
神日本磐余彥尊	神倭伊波禮毘古命	Kamuyamatoiwarehikonomikoto

神日本磐余彥尊誕生

彥波瀲武鸕鶿草葺不合尊娶其阿姨玉依姬爲妃，生下彥五瀨命，其次生下稻飯命，其次生下三毛入野命，其次生下神日本磐余彥尊，總計四名男子。許久之後彥波瀲武鸕鶿草葺不合尊於西洲之宮去世埋葬在日向吾平山上陵。

這段內容相當簡短，《古事記》的記載幾與《日本書紀》相同，故略去不提。另外，神日本磐余彥尊即是日本史上的首位天皇——神武天皇，他又名爲狹野尊、神日本磐余彥火火出見尊、磐余彥火火出見尊、若御毛沼命、豐御毛沼命，以及始馭天下之天皇（尊稱）。

嚴格說來神日本磐余彥是和風諡號，神武天皇則是漢風諡號。

和風諡號又稱爲國風諡號，是天皇崩御後的稱號，但有別於中國在追贈諡號時會以死者生前的德行及功業做爲評估的標準，德行與功業並非日本日本追贈諡號的唯一。舉例來說《古事記》的神倭伊波禮毘古命和《日本書紀》的神日本磐余彥尊都是神武天皇的和風謚號，但這兩謚號與神武的德行或功業並無太大關聯。

和風謚號大概起源於奈良時代之前，確切年代目前還未有一致的說法，但至少不晚於完成《古事記》的和銅五年，和風謚號只用到第五十代桓武天皇爲止（第三十九代弘文天皇是前五十代天皇中唯一沒有和風謚號）。五十代以後的天皇以XX帝或XX院稱之，到第一一九代光格天皇廢止不再使用和風謚號。漢風謚號則是在天皇前面加上二到三個漢字，目前對日本歷代天皇均以漢風謚號稱之。最早的漢風謚號出現在稱德天皇重祚之初的天平寶字八年（七六四年）左右，由大友皇子曾孫淡海眞人三船一括撰定初代神武天皇到四十四代元正天皇的漢風謚號（包含十四代仲哀天皇的皇后神功皇后在內，但是三十九代弘文天皇和四十二代文武天皇除外）。

照以上的敘述來看，舍人親王完成《日本書紀》時並不存在漢風謚號，然而現代人讀到的《日本書紀》都有漢風謚號，可見並非最初原始的版本。

第

四

章

神武東征

天皇親率諸皇子和舟船踏上東征之途。通過速吸之門（也稱速吸瀨戶，今之豐予海峽）時，有一漁人搭乘小船而來，天皇召他問道：「你是誰？」漁人答道：「我乃國神，名為珍彥。聽聞天神之子到來，特地前來迎接。」天皇接著又問道：「你能幫忙帶路嗎？」漁人答道：「樂意之至！」於是天皇命人授予漁人一根椎木竿，命他在前頭牽著帶領皇船，是為海上帶路人，於是特別賜名為椎根津彥，是倭直部的始祖。

展開東征

神日本磐余彥天皇又名彥火火出見，是彥波瀲武鸕鶿草葺不合尊的四子，母親玉依姬是海神之女的妹妹。神日本磐余彥生來聰明，是個意志力堅強的人，十五歲被立為皇太子，成年後娶日向國吾田邑吾平津媛為妃，生下手研耳命。

四十五歲時找來皇兄與皇子，對他們說道：「昔時我天神高皇產靈尊、大日孁尊以此豐葦原瑞穗國授我天祖彥火瓊瓊杵尊。火瓊瓊杵尊闢天關披雲路，披荊斬棘方得以降臨葦原中國。斯時世界仍處洪荒，在蒙昧之世培養正道，治理在日本國中偏西的日向。我皇祖皇考，乃神乃聖，積善政、施恩澤，行之有年，自天祖（指火瓊瓊杵尊）降臨以來已歷一百七十九萬二千四百七十餘年。然而，遠方外地尚未霑於王澤，遂使各邑（大的集落）有君、各村（小的集落）有長，各自擁兵互相征伐。先前曾聞鹽土老翁云：『東方有個美麗之國，四周有青山環繞，居中有乘天磐船從天而降居住其中。』余以為該地必能恢弘大業、君臨天下，足以做為六合之中心。從天而降者必為饒速日命，何不以該地為都？」諸

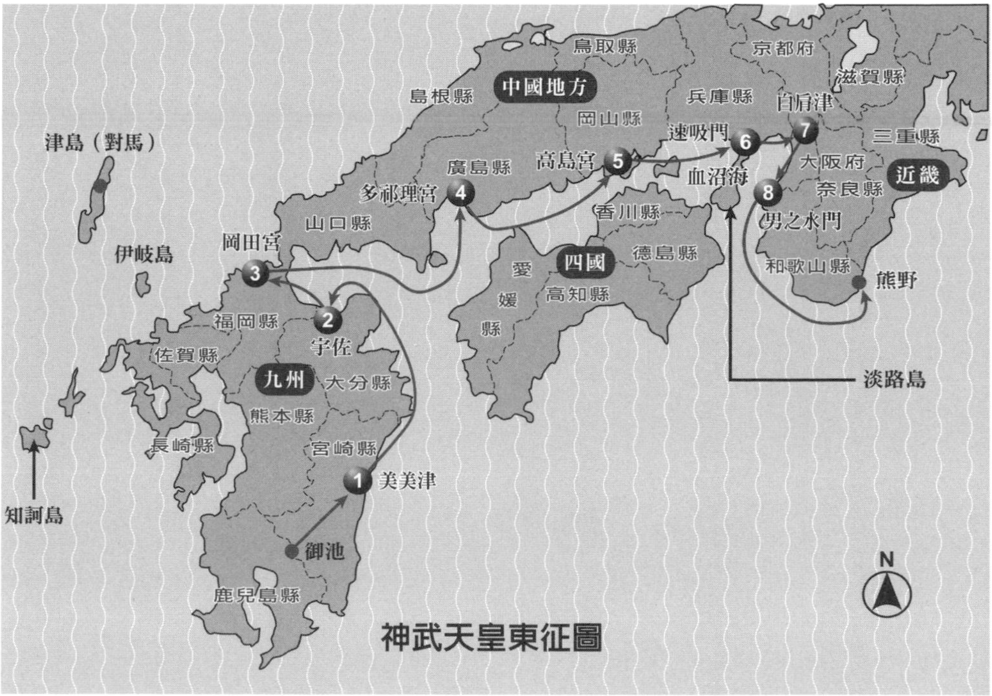

皇子皆道：「您說的太有道理了，我們內心也是這麼想的，請您務必盡早行動。」該年歲次爲甲寅。

該年冬十月丁巳朔辛酉（五日），天皇親率諸皇子和舟船踏上東征之途。通過速吸之門（也稱速吸瀨戶，今之豐予海峽）時，有一漁人搭乘小船而來，天皇召他問道：「你是誰？」漁人答道：「我乃國神，名爲珍彥。聽聞天神之子到來，特地前來迎接。」天皇接著又問道：「你能幫忙帶路嗎？」漁人答道：「樂意之至！」於是天皇命人授予漁人一根椎木竿，命他在前頭牽著帶領皇船，是爲海上帶路人，於是特別賜名爲椎根津彥，是倭直部的始祖。船隊行至筑紫國菟狹（今大分縣宇佐市）時，菟狹國造的祖先菟狹津彥、菟狹津媛在菟狹的河上（寄藻川）建造一柱騰宮以款待皇軍。當時天皇下令隨從天種子命娶菟狹津媛爲妻，天種子命即中臣氏的遠祖（第一章「天之岩戶」段已有提及天兒屋命是中臣連的遠祖，《日本書紀》未交代天兒屋命與天種子命的關係，不清楚兩人的關係）。

十一月丙戌朔甲午（九日），天皇抵達筑紫國岡水門（福岡縣遠賀郡蘆屋町遠賀川河口一帶）。十二月丙辰朔壬午（廿七日），抵達安藝國，天皇住於埃宮（廣島縣安藝郡府中町多家神社）。

乙卯年春三月甲寅朔己未（六日），遷徙至吉備國，建造高島宮做爲臨時行館，在當地停留三年期間建造船隻，養兵儲糧欲以一舉平定天下。

戊午年春二月丁酉朔丁未（十一日），皇師東下，舳艫相接而進。船隊到難波之碕時，遇上急湍浪潮，於是將該地命名爲浪速國，也叫浪花，現在稱爲難波是訛傳也。

三月丁卯朔丙子（十日），皇軍溯河而上，來到河內國草香邑的青雲白肩之津（虛構的架空地名）。

皇軍陷入苦戰

夏四月丙申朔甲辰（九日），皇軍整頓兵力，徒步向龍田進軍。然而沿路狹窄，以致無法率領軍隊通行，只得率軍返回原地往東越過膽駒山（生駒山，位於奈良縣生駒市和大阪府東大阪市之間，海拔六百四十二公尺）進入中州（指大和）。這時，長髓彥聽到這個消息，喃喃自語道：「天神之子不遠千里來此，必定是爲奪取我的領土而來。」於是動員全部的兵力布陣在孔舍衛杬（也稱孔舍衙，位於大阪府東大阪市日下町）與天皇軍作戰。激戰中流矢射中五瀨命的手肘，皇師士氣大挫而不能再作戰，天皇對現狀甚感憂心，有一神策浮現在天皇的內心，對諸將說道：「我乃日神子孫卻迎日討賊，此爲違反天道。不如暫時撤退向敵虜示弱，重新對天地諸神進行祭祀，保有背對日神、免於日光直射的優勢，藉機襲敵，如此可兵不血刃便能擊退敵虜！」諸將皆道：「此計甚妙！」於是天皇對軍中下令：「暫時停軍，不准再向前推進！」皇軍立即從原路撤退，敵軍亦不敢進逼，撤退到草香之津時，由於手持的盾牌並列而發出聲響，於是將地名改成盾津（大阪府東大阪市），現今則訛傳爲蓼津。在孔舍衛戰之時，有人躲藏在大樹之後而幸免於難，事後對著大樹說道：「恩重如母。」時人將該地稱爲母木邑，現今訛傳爲飫悶𠴩奇（據學者考證位於今大阪府東大阪市境內）。

五月丙寅朔癸酉（八日），皇軍抵達茅渟的山城水門（大阪府泉南市）時，五瀨命的箭傷加劇，他自知天命已盡，撫劍而嚎：「太可惜了，大丈夫爲敵虜所傷，無法復仇而死去。」時人將他雄嚎之處命名爲雄水門。皇軍前進到紀伊國竈山（和歌山縣和歌山市），五瀨命在隊伍裡傷重而逝，遺體葬於竈山（該地現爲竈山神社）。

六月乙未朔丁巳（廿三日），皇軍行進至名草邑（和歌山縣和歌山市名草山），除去當地名爲名草戶畔（戶畔爲女性首領之意）的女領主，然後越過狹野（和歌山縣新宮市佐野）抵達熊野神邑（和歌山縣新宮市），攀登天磐盾（和歌山縣新宮市熊野速玉大社）繼續率軍徐徐前進。在海上突然遇上暴風雨，皇軍船隊四散漂流，稻飯命嘆道：「唉！我皇祖是天神，母親是海神，爲何我軍在陸上遇到災難，到海上也遇到災難？」說完拔劍連人投入海中，化爲鋤持神。三毛入野命亦恨恨的說道：「我母及姨媽俱爲海神，爲何海上起波饕幾乎要吞噬我們呢？」於是他踩著波浪前往常世鄉而去。（作者按：東征初始，彥波瀲武鸕鷀草葺不合尊與玉依姬所生的四個兒子僅存天皇神日本磐余彥尊一人。）

九世紀初嵯峨天皇將高野山賜給空海傳授眞言宗，空海修建金剛峰寺做爲眞言宗總本山。眞言宗對熊野的原始信仰雖有影響，卻未能取代。熊野的傳統信仰主要集中在熊野三山：位在和歌山縣田邊市的熊野本宮大社、位在新宮市的熊野速玉大社、以及位在東牟婁郡那智勝浦町的熊野那智大社。

熊野三山雖非紀伊國一宮，但是對日本原始信仰的影響遠在一宮之上，是全國超過三千社熊野神社的總本社。神道、眞言宗以及盛行於平安時代以降的修驗道皆視熊野爲神

豆知識　雄野

熊野，律令制實施前屬饒速日命後裔支配的熊野國造（古代日本統治地方的機構，保有地方的軍事、裁判權，未必悉數臣服大和朝廷），屬於令制國紀伊國牟婁郡，相當於現在和歌山縣田邊市、新宮市、白濱町、上富田町、すさみ町、那智勝浦町、太地町、古座川町、北山村、串本町以及三重縣尾鷲市、熊野市、紀北町、御濱町、紀寶町等四市十町一村。

聖的靈場，因此熊野三山的地位愈顯重要，與比叡山、高野山同爲具有鎮護國家的作用，平安中期後熊野三山逐漸與佛教混合，出現「本地垂迹」（佛教諸佛爲適應民情不同的各國，會改變樣貌以當地神的姿態出現以便普度眾生）思想的典型，於是熊野本宮大社主祭神家都美御子大神與阿彌陀如來、熊野速玉大社主祭神熊野速玉大神與藥師如來、熊野那智大社主祭神熊野夫須美大神與千手觀音神佛習合成爲熊野權現。因此從平安末期院政展開之後，歷代上皇頻繁前往參詣（如平治之亂的導火線起於平清盛做爲前往熊野參詣的後白河上皇的護衛），光是後白河院據說就前往熊野參詣三十四次，由於朝廷高度看重熊野詣，因此熊野參詣與伊勢神宮參詣對日本人而言逐漸成爲同等重要之事。

之後日本盛行淨土思想，備受朝廷重視的熊野三山也被視爲佛教徒嚮往的佛淨土，熊野本宮大社被視爲西方極樂淨土，熊野速玉大社被視爲東方淨琉璃淨土，熊野那智大社被視爲南方補陀落淨土（觀音菩薩的居住地）。

二〇〇四年七月，奈良縣吉野山、大峰山、和歌山縣高野山、和歌山縣、三重縣熊野三山以及熊野參詣道、高野山町石道、大峰奧　道等三條參詣道被登錄爲「紀伊山地的靈場和參詣道」世界文化遺產。

韴靈和頭八咫烏

於是天皇獨自與皇子手研耳命率軍前進，來到熊野荒秫津（也稱爲丹敷浦，位於三重縣熊野市），除去當地領主丹敷戶畔。不過丹敷戶畔臨死之際吐出毒氣，皇軍因而生病，無法繼續作戰。當時熊野有位名叫高倉下的人有天夜裡忽然做夢，夢見天照大神對武甕雷神說道：「葦原中國騷亂依舊持續，你去平定這些動亂吧！」武甕雷神答道：「我目前雖無法動身前去，但是我派遣平定國亂（指出雲的讓國）的劍前去，應該足以平亂。」天照大神道：「很好。」於是武甕雷神轉而對高倉下說道：「我這把劍名爲韴靈，目前位在你的倉庫裡，找出那把劍拿去獻給天孫！」高倉下答道：「遵命。」因此而醒來。天亮後依夢中所示前往倉庫找尋，果然在倉庫土間發現一把插在土中的劍，趕緊取下該劍拿來獻給天皇。

正在熟睡中的天皇突然醒來，環顧左右喃喃說道：「爲何我睡了長長的一覺？」說完後，中毒的士兵們悉數恢復知覺。皇軍重新整頓後想要再往大和進軍，無奈受阻於山勢險惡，無山路可通行，因而陷於進退兩難的險境。當晚，天皇做了夢，夢見天照大神對他說道：「我將派遣頭八咫烏給你，由牠爲你帶路。」天皇醒來後果然有隻頭八咫烏從天而降，天皇仔細端詳頭八咫烏後，說道：「這隻鳥的降臨緣由於我剛剛做的瑞夢，是偉大難以企及、神威顯赫的皇祖天照大神欲助我完成東征的基業。」此時大伴氏的遠祖日臣命以大來目、督將（將軍之意）元戎率軍跟著頭八咫烏飛行的方向踏山而進，終於來到菟田下縣，於是將所到之處稱爲菟田穿邑（奈良縣宇陀市一帶）。天皇稱讚指揮官日臣命：「你兼具忠誠和武勇，再加上前導的功勞，因此以道臣之名賜予你。」

神武天皇跟隨頭八咫烏／安達吟光繪

兄猾、弟猾

秋八月甲午朔乙未（二日），天皇召見兄猾和弟猾，這兩人是菟田縣的魁帥（首領）。最終兄猾未到，只有弟猾前來歸順天皇。弟猾在軍門前拜見，說道：「吾兄兄猾企圖反逆，聽聞天孫即將到來，就想發兵偷襲。在看見皇軍軍容煥發，內心畏懼，不敢正面敵對，於是藏匿兵力，假裝營建新宮殿，在宮殿內設下陷阱。待宮殿落成舉辦宴席時，於席間進行奸計。我知道他有這樣的企圖，希望您能多加戒備。」天皇於是派出道臣命前往調查兄猾謀反的罪狀。道臣命已確信兄猾已萌生叛意，於是他對兄猾怒吼：「賊虜！你進去你自己建造的小屋。」道臣命手握劍柄，搭弓引箭強逼兄猾進入小屋，兄猾逆天而行，罪無可逭，只得進入自己建造的滿是陷阱的小屋而遭壓死。道臣命命人拖出他的遺體亂刀相向，血流及於腳踝，於是該片土地遂被稱為菟田血原。之後弟猾獻上大量牛肉和美酒設宴犒賞皇軍，天皇將牛肉和美酒均分給每一位將士，然後唱道：

在菟田的高城上設置陷阱欲捕捉鷸鳥，
好整以暇等待獵物的落網，
結果落入陷阱的並非鷸，而是老鷹。
年紀大的女官會拿蕎麥等內部較少營養的菜餚餵食；
年紀輕的女官則拿賢木等內部較多營養的菜餚餵食。

這即是來目歌，現在樂府演奏此歌時，還保有手勁力道的大小、聲音強弱的區別，這是古代流傳下來的規定。之後，天皇想要視察吉野地方，於是從菟田穿邑親率輕裝兵前去巡視。到達吉野時，發現水井中有人的蹤影，這個人身上閃閃發光，並有條尾巴。天皇問道：「你是誰？」對方答道：「我是國神，名爲井光。」此人是吉野首部的始祖。再往內走，看到一個長著尾巴的人推開岩石現身。天皇問道：「你是誰？」對方答道：「我是磐排別之子。」此人是吉野國樔部的始祖。沿著河川往西前進，看到有個拿著做好的魚籠在捕魚。天皇問他，他答道：「我是苞苴擔之子。」此人是阿太養鸕部的始祖。

神武天皇／月岡芳年繪

九月甲子朔戊辰（五日），天皇登上菟田的高倉山之巔，眺望已在他轄下的領地。此時卻看見軍隊盤踞在國見丘的八十梟帥（數量眾多的勇者，而非特定人選），他在女秔配置女軍、在男秔配置男軍、在墨秔則放置火炭以待，這是女秔、男秔、墨秔地名的由來。另外在磐余邑，還有滿滿的兄磯城軍。賊虜佈陣之地，都位在要衝上，道路因而阻絕，無法相通。天皇甚感焦躁，當晚向眾神祈求後入眠。夜裡夢見天神傳達訓示：「取天香山神社之土，做出八十枚天平瓮。另造嚴瓮恭敬的祭祀天神地祇，並舉行嚴減詛（齋戒並吟誦減言），如此就能平定賊虜。」

天皇醒後，想起夢中訓示，想依此而行，此時弟猾前來向天皇進言：「倭國磯城邑有磯城八十梟帥，另外高尾張邑有赤銅八十梟帥，他們都將和天皇敵對作戰，這正是我為天皇感到憂心之處。如今最好取天香山的泥土，製作天平瓮以祭祀天社、國社的眾神。祭祀過後再出兵討賊，會比較容易。」天皇聽完也說出自己夢見的吉兆，弟猾聽了天皇夢境的內容，感到非常的高興。趕緊叫來椎根津彥，要他穿上舊衣服和蓑笠，變裝爲老翁。弟猾則穿上蓑衣，變裝爲老嫗。天皇命令二人道：「你們私下前去天香山，到山巔取其土壤後速歸，我統一之大業能否成功，端看你們此行的成果如何，請愼行之。」

當時，一路上都是敵軍，變裝後的椎根津彥、弟猾兩人難以通行。於是椎根津彥暗自祈求：「如果天皇註定應當平定國內我們自會有可通行之路，如果天皇註定無法統一那麼敵虜會對我們有所防範。」祈求完畢直接上路，賊兵看見兩位老者都嘲笑道：「從未見過如此醜陋的老爺爺老婆婆！」紛紛讓開空出道路反而有利於他們的通行，兩人得以走上山巔，順利取得泥土返回。天皇甚是喜悅，以天香山的土壤令人趕工製作八十平瓮、八十枚天手抉和嚴瓮，帶著渡過丹生的川上，祭祀天神地祇。天皇祭祀時祈求道：「我現在手持八十平瓮、不含水要製作飴，如果能製成，那我不行使武力就能平定天下。」說完開始製作，飴很自然的就做好了。接著天皇又祈求道：「我現在將用嚴瓮沉於丹生川，如果魚不分大小都像喝醉了，像槇葉般載浮載沉的流去，那我必能平定此國。如若不然，則一事無成。」於是沉瓮於河底，不久魚都浮出，張口呼吸隨河流而去。

椎根津彥將他所見到的情形報告天皇，天皇大喜，立即砍下丹生川旁五百株眞秋樹以祭諸神，自此以後開始有祭神時放置嚴瓮的習俗。天皇向道臣命下令：「今後我將親自祭祀高皇產靈尊，由你來擔任齋主，我授予你嚴媛的名號。爲祭祀所放置的埴瓮名爲嚴瓮，所需之火則名爲嚴香來雷，所需之水名爲嚴罔象女，所需之糧名爲嚴稻魂女，所需之薪名爲嚴山雷，所需之草名爲嚴野椎。」

冬十月癸巳朔，天皇食用嚴瓮之糧，整備兵力準備出擊。率先於國見丘擊破八十梟帥，將其斬殺。該役天皇抱著必勝的信念，臨行前曾吟詠如下的歌謠：

神風吹拂的伊勢之海，
吹得巨石像四處爬的海螺一般。
你們這些敵軍，
我要你們就像這些海螺一樣，
在我軍痛擊之下，潰不成軍。

歌詞的寓意是以巨石比喻國見丘，然而敵軍殘黨眾多，動向難以掌控，於是天皇私下囑咐道臣命：「你率領大來目部在忍稅邑布置個大房間，在裡面舉辦盛大的宴會享樂，誘敵進來捕殺。」道臣命遵奉密旨，在忍稅挖地洞布置成房間，並從我軍中選出勇猛的士卒送去與敵軍混在一起，私下交代他們：「酒酣耳熱之際，我會起身唱歌。你們一聽到我的歌聲，就對周遭的敵軍動手。」於是道臣命鎮定坐下與眾人一起喝酒，敵軍不知我軍的圖謀，一如往常喝個爛醉。此時，道臣命起身唱道：

忍坂的大房間裡，進來很多人，
很多人遠道而來，
不過來目的士兵手持頭椎、石椎要來打倒你們。

斯時，我方士卒聽到歌聲，紛紛拔出頭椎砍向敵兵，敵兵未能出聲便倒地而亡，悉數屠戮。皇軍大喜，仰天而笑，齊聲唱道：

現在全殲敵軍，大獲全勝。
如今只剩我軍，如今只剩我軍。

現在來目部在唱完歌後大笑，緣由就是出自於此，然後又接著唱道：

世人皆言敵軍有以一當百之強，
但對上我軍卻毫無招架之力！

眾人都是因爲依天皇密令行事才能在此高歌，而非出於自己的判斷。於是天皇說道：「戰勝而不驕矜，才是良將的行爲。如今賊首已除，不過相同的敵軍尚有十數群，他們的動向如何完全不知情。在此情形下，待在原地不動只會坐以待斃。」於是軍隊拔營移動至其他地方。

兄磯城、弟磯城

十一月癸亥朔己巳（七日），皇軍大舉出兵進攻磯城彥。在此之前先派出使者向兄磯城勸降，兄磯城不從。接著派出頭八咫烏，飛到兄磯城營帳鳴叫：「天神之子要召見你。呀！呀！」

兄磯城聽頭八咫烏的鳴叫聲，忿忿地說道：「聽到天壓神到來我已甚爲憤慨，你這隻鳥又來此鬼叫！」說完搭弓朝頭八咫烏一箭射去。頭八咫烏拍翅迅速逃散而去。接著又飛到弟磯城的宅邸鳴叫：「天神之子要召見你。呀！呀！」弟磯城面有懼色的說道：「我聽說天壓神將來，從早到晚心懷畏懼，頭八咫烏啊！請務必傳達我畢恭畢敬的事。」說完拿出八張平底盤子盛滿美食，款待頭八咫烏。

在頭八咫烏的引導下弟磯城來到天皇身邊，奏道：「我的兄長兄磯城聽聞天神之子到來，聚集八十梟帥，備足兵甲，準備與天皇決一死戰，務請盡快討平他。」

於是天皇召集諸將問道：「現今兄磯城確有謀反之意，傳喚他來也不到，該如何是好？」

諸將說道：「兄磯城是個陰險狡詐的對手，可先派出弟磯城前往勸說，同時也要說服兄倉下、弟倉下。如果最終無法令兄磯城歸順，到時再出兵討伐也不遲。」於是派出弟磯城前往兄磯城之處，以利害得失來勸說兄磯城歸順。然而兄磯城依舊冥頑不靈，不願歸順。椎根津彥向天皇獻策道：「方今可先派出我方女軍，從忍稅道出擊。敵軍看見後必傾巢而出以迎戰。此時我軍再派出精銳，直取墨稅，以菟田川的水源滅墨稅的火勢。然後再出其不意進攻兄磯城，必可擊敗他。」天皇嘉許椎根津彥的計策，派出女軍朝敵營而去。敵軍以爲我軍主力在此，於是派出全部兵力迎戰。一直以來皇軍攻無不克、戰無不勝，然而士卒無不疲憊至極。於是天皇爲了慰勞士卒疲憊的身心，親自做了一首歌謠：

持盾與敵軍相對，為守住陣地而與從伊那佐山森林中來的敵軍作戰。我軍飢餓至極，希望島上的小鳥和鵜鶘能帶些食物幫助我們。

後來男軍越過墨稅，與女軍前後夾擊大破敵軍，梟帥與兄磯城等人遭到斬首。

長髓彥

十二月癸巳朔丙申（四日），皇軍與長髓彥軍交戰，一連作戰數日始終未能取勝。此時突然天色昏暗降下雹霰，一隻金色靈鵄（鷹的一種）飛來，停在天皇的弓弭（弓的前端）上。那隻靈鵄光彩奪目，如閃電一般，令長髓彥的士卒目光迷眩，無法作戰。長髓原爲邑名，也可做爲部落領袖的名字。皇軍因逢靈鵄出現的吉兆，時人將該地稱爲鵄邑，現在訛傳成鳥見。昔時孔舍衛之戰，五瀨命中箭而亡，天皇耿耿於懷，內心常懷憤恨之情。因此此次作戰，天皇懷抱親手除去長髓彥爲目的，爲此親做一首歌謠：

金鵄停在神武天皇弓上／月岡芳年繪

身上充滿天皇御稜威的來目將士啊！
在家的牆角下種植一株韮菜，會從根部不斷繁衍出去，
就以這樣的態勢摧毀敵軍。

又唱道：

身上充滿天皇御稜威的來目將士啊！
在家的牆角下種植山椒，
入口時嘴巴會因為辣味而疼痛，
提醒我不要忘記與他們作戰時陷入苦戰的過往，
就以這樣的態勢摧毀敵軍。

於是天皇下令全軍進攻，凡是這類的歌謠一概命名爲來目歌，都是指歌詠的對象。這

時，長髓彥派出使者到天皇面前傳話：「以前曾有天神之子乘天磐船從天而降，名為櫛玉饒速日命。他娶我的妹妹三炊屋媛，兩人已生下一子，名為可美眞手命。因此我尊饒速日命為君，天神之子豈有二人？何況是名為天神之子，實為奪人之地的作為？因此我認為後來出現的必是假冒的。」天皇說道：「天神之子也是有很多人，你認為你服侍的君主是眞正的天神之子，想必一定有信物，可否讓我一見？」

長髓彥隨即取出饒速日命送給他的天羽羽矢一支和盛弓箭的步靫（箭袋）給天皇看，天皇看了一眼便說道：「這是眞的。」然後天皇也將自己的天羽羽矢和步靫拿給長髓彥看，長髓彥雖對天皇的寬大為懷表現出敬畏之情，不過他已做好戰爭的準備，如今騎虎難下不便臨時中止，只得貫徹原先與天皇作戰的計畫。

而饒速日命原本就知道天神最關切的唯有天孫之事，而長髓彥的性格桀傲難馴，跟他講天人之際的道理是講不通的，因此殺害長髓彥，率領他的部眾前來歸降天皇。天皇對饒速日命從天而降一事早有耳聞，再加上他在此事展現出對天皇的忠誠，因而對他褒獎有加，是日後物部氏的遠祖。

己未年春二月壬辰朔辛亥（二十日），天皇命諸將訓練士卒。當時層富縣（奈良縣生駒市）波哆丘岬有名爲新城戶畔的人，和珥秔下（奈良縣天理市）有名爲居勢祝的人，臍見長柄丘岬（奈良縣御所市）有名爲猪祝的人。此三處土蜘蛛憑藉自身優越的武力，不肯歸順。於是天皇調兵遣將，各個擊破，除惡務盡予以誅殺。此外在高尾張邑也有土蜘蛛，其人身長矮，手腳長，極似侏儒。皇軍以葛根編成的網將其捕捉，然後誅殺，因而將該邑改名爲葛城。此外磐余之地，舊名片居，亦名片立，皇軍在此地大破賊虜，大軍充斥該地，因而改名爲磐余。

有人說道：「天皇從前食用嚴瓮盛裝的糧食，出兵征討西邊的敵人，當時磯城八十梟帥屯兵於此地。之後和天皇軍展開激戰，

《日本書紀》與《古事記》名稱對照

《日本書紀》	《古事記》	念法（羅馬拼音）
吾平津媛	阿比良比賣	Ahiratsuhime
手研耳命	多藝志美美命	Tagishimiminomikoto
饒速日命	邇藝速日命	Nigihayahinomikoto
菟狹津彥		Usatsuhiko
菟狹津媛		Usatsuhime
天種子命		Amenotanekonomikoto
長髓彥	登美能那賀須泥毘古	Nagasunehiko
鋤持神		Saimochinokami
日臣命		Hinoominomikoto
櫛玉饒速日命	邇藝速日命	Kushitamanigihayahinomikoto
三炊屋媛	登美夜毘賣	Mikashikiyahime
可美真手命	宇摩志麻遲命	Umashimadenomikoto

豆知識 土蜘蛛

《古事記》和《日本書紀》關於神武東征的過程是日本最早提到土蜘蛛的記載，此時的土蜘蛛是指反抗天皇及朝廷的地方豪族，本文的新城户畔、居勢祝、猪祝等三處土蜘蛛即是此意。不過與《古事記》、《日本書紀》約略同時完成的《風土記》卻定義土蜘蛛為「反抗大和朝廷的邊境少數民族」，土蜘蛛至此成為蔑稱，與中國稱呼四方異族為「蠻夷」的蔑視心理大致相似。

隨著時代的演變，土蜘蛛逐漸成為妖怪的代稱。十四世紀的《土蜘蛛草紙》記載平安中期的武將源賴光（源滿仲的嫡男，攝津源氏始祖）曾率領旗下四天王（渡邊綱、坂田金時、碓井貞光、卜部季武）到丹波國大江山討伐當地妖怪頭目酒吞童子（賴光斬殺酒吞童子的名刀即是後來足利將軍家的家傳寶物『童子切安綱』），以及在洛外北山蓮台野遭遇一飛在空中的骷髏，賴光追趕多時，在天將破曉時遇到一美女，賴光出刀砍向該美女，美女頓時消失，沿途只留下一灘白色血跡。賴光順著血跡追到一個山洞裡，一隻巨大蜘蛛現身，幾經戰鬥賴光終於砍下蜘蛛的頭顱，這是妖怪化後的土蜘蛛最有名的故事。

兵敗遭到天皇軍消滅，於是命名爲磐余邑。」另外皇軍殺聲震天之處稱爲猛田，築城之處稱爲城田。此外賊眾戰死陳屍、枕臂之處稱爲頰枕田。天皇於前年秋九月，潛伏於天香山取埴土以製作八十平瓮，並親自齋戒祭祀眾神，終能威服四境、平定天下，於是將取土之處稱爲埴安。

源賴光與土蜘蛛／月岡芳年繪

營造宮殿

三月辛酉朔丁卯（七日），天皇下令：「自我東征，於茲六年矣。賴以皇天之威，凶徒就戮。雖邊土未清餘妖尚梗，而中洲之地無復風塵。誠宜恢廓皇都，規摹大壯。而今運屬屯蒙，民心朴素，巢棲穴住，習俗惟常。夫大人立制，義必隨時，苟有利民，何妨聖造？且當披拂山林，經營宮室，而恭臨寶位，以鎭元元。上則答乾靈授國之德，下則弘皇孫養正之心。然後，兼六合以開都，掩八紘而爲宇，不亦可乎？觀夫畝傍山東南橿原地者，蓋國之墺區乎，可治之。」

當月便命有司開始建造帝宅。

庚申年秋八月癸丑朔戊辰（十六日），天皇考慮立正妃，於是徵求貴族世冑之女。當時有人上奏天皇：「事代主神和三島溝橛耳神之女玉櫛媛所生之女媛蹈鞴五十鈴媛命，該女國色天香，擁有傾國傾城之貌。」天皇聽了很高興，九月壬午朔乙巳（二十四日），納媛蹈鞴五十鈴媛命爲正妃。

即位和立后

辛酉年春正月庚辰朔（一日），天皇即帝位於橿原宮，該年爲天皇元年。天皇尊正妃（媛蹈韛五十鈴媛命）爲皇后，皇后生下神八井耳命、神渟名川耳尊（日後的第二代綏靖天皇）兩位皇子，因此自古以來稱天皇爲「在畝傍山的橿原，將宮柱豎立於底磐之根，於高天原峻峙搏風的始馭天下之天皇，其名爲神日本磐余彥火火出見天皇。」起初，天皇草創皇統之時，大伴氏遠祖道臣命率大來目部，接受天皇的密策，行能歌倒語，最終掃平妖氣，倒語之用始起於此。

二年春二月甲辰朔乙巳（二日），天皇論功行賞，賜道臣命宅邸於築秇邑（奈良縣橿原市鳥屋町），格外恩寵有加。賜大來目於畝傍山以西的河邊之地，該地至今仍稱爲來目邑（奈良縣橿原市久米町），緣由即出於此。封珍彥（椎根津彥）爲倭國造。賜弟猾猛田邑，任猛田縣主，是菟田主水部遠祖。弟磯城名黑速，以其任磯城縣主。有個名爲劍根的人，則任命爲葛城國造。頭八咫烏也在封賞行列中，其苗裔爲葛野主殿縣主部。

四年春二月壬戌朔甲申（二十三日），天皇下詔：「自我皇祖之靈從天降臨以來，助朕身體強健。如今賊魯皆平，四海歡騰，正好是祭祀天神以報大孝之時。」於是設立齋場於鳥見山（奈良縣宇陀市和櫻井市之間），以上小野的榛原和下小野的榛原爲名，就是用以祭祀皇祖天神。

三十一年夏四月乙酉朔（一日），天皇的車輿出巡，車隊攀登腋上嗛間丘眺望國土的

豆知識　**建國紀念日**

神武天皇即位的一月一日是為舊曆，換算成新曆為二月十一日，戰前稱為「紀元節」，與四方節（一月一日）、天長節（四月廿九日）、明治節（十一月三日）同為戰前日本最重要的四個節日。二戰結束後美軍佔領日本期間認為「紀元節」有濃厚的軍國主義色彩而廢除，一九五二年日本恢復獨立後也因為顧及與美國的關係而未恢復「紀元節」。一九六六年佐藤榮作內閣以「紀念建國、培養國民愛國心」為由提議恢復紀元節，但為顧及不讓外界有恢復軍國主義色彩的觀感將紀元節改為建國紀念日，很快就在參眾兩院通過並於翌年正式做為國定假日。

形狀，讚嘆道：「眞美啊！得到一個如此美麗的國家。細而狹長的國土，就像交配中的蜻蜓的形狀。」此後始有秋津洲的名稱。從前伊奘諾尊曾說過：「日本是浦安國、細戈千足

神祇與神社

橿原神宮，位於奈良縣橿原市久米町。與前文介紹諸多擁有悠久歷史的神社不同，橿原神宮是明治天皇有感民間請願創建的熱情，於一八九〇年四月二日創建，社格為官幣大社。由於主祭神為神武天皇之故，因此在神社中地位極為崇高，自創建以來始終是日本民衆初詣（一年第一個去參拜的神社或佛寺）人數最多的神社之一。一九四〇年是日本建國兩千六百年，該年秋天在橿原神宮舉辦「紀元二六〇〇年奉祝式典」，雖然當時日本已和中國進入戰爭狀態，但該祭典仍吸引一千萬日本人的參與，連昭和天皇也遠從東京前來行幸。

橿原神宮主要由本殿、幣殿、內拜殿、外拜殿、儀式殿、神饌所、神樂殿、參集殿、土間殿、南神門、北神門、祈禱殿、文華殿、敕使館、齋館等處構成，其中本殿和文華殿先後被指定為國家重要文化財。欲前往橿原神宮可搭乘近畿鐵道（簡稱近鐵）橿原線、吉野線於橿原神宮前驛或畝傍御陵前驛等站下車即可。

國、磯輪上秀眞國。」此外大己貴大神（大國主命）則說是「玉牆內國。」饒速日命甚至乘坐天磐船飛翔天空，從天而降說道：「虛空見的日本國。」

四十二年春正月壬子朔甲寅（三日），立皇子神渟名耳川尊爲皇太子。

七十六年春三月甲午朔甲辰（十一日），天皇於橿原宮崩御，享年一百二十七歲。翌年秋九月乙卯朔丙寅（十二日），葬於畝傍山東北陵。

《古事記》有關神武東征的過程與《日本書紀》大致相同（仍有一小部不同，如欠缺即位詔，即位的宮殿不叫橿原宮，而是白檮原宮），惟，記載內容比《日本書紀》簡略許多，這部分就略過不提。《古事記》在結束神武東征後有提到神武的皇子們展開帝位的爭奪，這是《日本書紀》沒有提及的部分，以下就介紹這部分的內容。

天神之子（神武）還在日向的時候，娶阿多之小椅君之妹阿比良比賣，生下多藝志美美命，之後娶岐須美美命共生兩位皇子。天神之子進一步想尋找足以立爲皇后的美人，大久米命說道：「這裡有位出身高貴的少女，據說是神的女兒。之所以說據說是神的女兒是因爲三島湟咋有個叫做勢夜陀多良比賣的女兒，她的容貌美麗，國色天香。因此三輪的大物主神對她一見鍾情，趁她入廁時化身成塗上紅色的箭矢，從其入廁的便溝流下，出其不意刺了美女的陰部。美女受到驚嚇倉皇跑走，於是將那支紅色箭矢置於床頭邊，箭矢突然變身成一英俊瀟灑的男子，男子立即與美女成親，生下的孩子名爲富登多多良伊須須岐比賣命，也叫做比賣多多良伊須氣余理比賣。因此說她是神的女兒。」

有七位少女到來到高佐士野郊外遊玩，伊須氣余理比賣也在其中，大久米命看見伊須氣余理比賣後，對天皇唱道：

大和高佐士野有七位少女，您要選擇哪位當妻子呢？

伊須氣余理比賣站在少女中的最前面，天皇看見少女們的時候，內心便已知道伊須氣余理比賣站在最前頭，於是也唱道：

總之選擇站在最前頭年紀較大的少女為妻吧！

當大久米命將天皇的心意傳達給伊須氣余理比賣時，伊須氣余理比賣看見大久米命臉上刺青的銳利眼神，感到非常奇特，於是唱道：

為何您在臉上刺青？而您的眼神又如此的銳利呢？

大久米命回覆時唱道：

因為要與名媛見面，所以我才在臉上刺青並帶著如此銳利的眼神。

於是伊須氣余理比賣對天皇說道：「我願意服侍您。」因爲伊須氣余理比賣的家位在狹井河河邊，於是天皇行幸伊須氣余理比賣的家，在那裡停留一夜。之後，伊須氣余理比賣進宮拜見天皇時，天皇唱道：

葦原叢生的髒亂小屋裡，我倆在鋪滿菅草蓆子上共寢。

之後總共生下日子八井命、神八井耳命、神沼河耳命三位皇子。

天皇崩御後，庶子多藝志美美命娶皇后伊須氣余理比賣時，打算密謀除掉三位異母弟，他們的母親伊須氣余理比賣感到無比痛苦，打算以唱歌來通知她的孩子們，她唱道：

雲從狹井河邊竄出，畝傍山的樹葉被風吹得沙沙作響，風暴來了。

接著又唱道：

畝傍山晝間烏雲飄搖，傍晚風暴即將到來，因此樹葉沙沙作響。

皇子們聽到歌詞內容無不感到訝異，立即萌生除去多藝志美美命的念頭。神沼河耳命對神八井耳命說道：「哥哥你拿著武器，進去殺掉多藝志美美！」可是當神八井耳命手持武器時，卻害怕的手腳發抖以致無法下手。於是神沼河耳命奪下哥哥手中的武器，代替哥哥進入其中除去多藝志美美，所以他的名字又稱為建沼河耳命。

後來神八井耳命讓位給弟弟建沼河耳命，說道：「我無法親手殺死仇敵，而你可以。我雖是兄長但不適合居上位，你比我更適合擔任天皇統治天下，我擔任負責祭祀的忌人從旁幫助你。」

日子八井命是後來茨田連、手島連的祖先。神八井耳命是意富臣、小子部連、秘合部連、火君、大分君、阿蘇君、筑紫三家連、雀部臣、雀部造、小長谷造、都祁直、伊余國造、科野國造、道奧石城國造、常道仲國造、長狹國造、伊勢船木直、尾張丹羽臣、島田臣等的祖先。神沼河耳命於是即位統治天下。（作者按：有關多藝志美美命企圖除掉媛蹈鞴五十鈴媛命皇后生的三位皇子的內容，《日本書紀》記載於第四卷綏靖天皇部分，文字敘述上雖有差異，但內容大致相同。）

神倭伊波禮毘古天皇享年一百三十七歲（比《日本書紀》多了十歲，應是傳抄上的錯誤），御陵在畝火山（畝傍山）北方白檮尾上。

《日本書紀》與《古事記》名稱對照

《日本書紀》	《古事記》	念法（羅馬拼音）
三島溝橛耳神	三島湟咋	Mishimanomizokuhimiminokami
玉櫛媛	勢夜陀多良比賣	Tamakushihime
媛蹈韛五十鈴媛命	富登多多良伊須須岐比賣命	Himetataraisuzuhimenomikoto
神八井耳命	神八井耳命	Kamuyaimiminomikoto
神渟名川耳尊	神沼河耳命	Kamununakawamiminomikoto
	小椅君	Obashikinokimi
	岐須美美命	Kisumiminomikoto
	大久米命	Ookumenomikoto
	日子八井命	Hikoyainomikoto

【專欄】神武天皇傳說的真假

一、東征

據《日本書紀》所載，神武天皇於四十五歲甲寅年十月開始東征，到庚申年三月下詔營造宮殿視爲完成東征爲止，共歷時五年五個月。不過扣除掉航行至筑紫國岡水門、安藝國埃宮、吉備國高島宮和河內國香草邑的航程以及停留在吉備國高島宮三年建造船隻、養兵儲糧的時間，實際上到戊午年四月越過膽駒山在孔舍衛秔與長髓彥軍隊交戰才眞正開始東征，到己未年三月結束歷時大約一年。

神武東征過程雙方交戰之地如孔舍衛秔、名草邑、熊野荒津秔、女秔、男秔、墨秔、國見丘、磐余邑等戰場，除熊野荒津秔位在三重縣外，大致上位在今日奈良縣宇陀市、大阪府東大阪市到和歌山縣和歌山市的三角地帶上，後來神武即位的橿原宮也是位在這一三角地帶上。由此看來，神武將近一年的東征其實只征服今日奈良縣大部分和大阪府、和歌山縣的一部份，不僅東北奧羽、關東、北陸、東海道等地鞭長莫及，連一路上行經瀨戶內海北岸的安藝國埃宮、吉備國高島宮在完成東征後似乎就忘記這些地方的存在，連對神武有無比意義的天孫降臨之地高天原也在完成東征後棄如敝屣。綜觀神武東征取得的領地，與其說他是「兼六合以開都、掩八紘而爲宇」的「始馭天下之天皇」，倒不如說他是個打敗原始部落領袖的較大部族之首長。

爲何神武的東征，跳過瀨戶內海沿岸，直指奈良、大阪等地？依當時的知識與狀況，神武不可能知道日本列島的地形與地理環境，但他卻捨近逐遠、捨棄做爲臨時行館的吉備國高島宮。神武的時代航行在海上充滿危險，既不懂得將羅盤運用在航行上，也沒有運用季節風的知識，夜裡只能順著特定的星座做爲引航的前導，然而神武時代日本人似乎不具備藉由星座引航的知識。

在古代，航行在瀨戶內海上和太平洋、大西洋相較而言，只是相對安全，而非絕對。瀨戶內海據估計大概有三千多個大大小小不等的島嶼，它就像個大水池，當水流經過島嶼和島嶼的狹窄空間時，流速會變快，會形成急流，有些地方如淡路島和德島縣鳴門市之間的鳴門海峽還會形成漩渦，成爲瀨戶內海的危險地帶。更妙的是，這些危險地帶還會因爲時間的不同，改變海流的方向或地點。海水流入瀨戶內海這個大水池後，潮流會停留在瀨戶內海中央，此時的海水幾乎是靜止不動，船隻也因而無法行駛，必須下船上陸等待海水流出，才能再登船出航。下船上陸等待海水流出的動作稱爲「待潮」，大概要經過六小時的「待潮」，船隻才能再度航行。因爲要上岸「待潮」，所以船隻靠岸的港口就因爲「待潮」而繁榮，這個地方位於今日岡山線和廣島縣交界處的福山市鞆之浦港。自古以來不管是由大阪到九州，或是九州到大阪，凡是航行在瀨戶內海上，至少會遇到一次「待潮」，神武停留三年的吉備國高島宮極有可能就是「待潮」所在地鞆之浦。

二、神武天皇的即位詔

作者在第四章特地保留神武的即位詔而不譯爲白話，此文模仿《昭明文選》收錄的西晉文學家左思的『魏都賦』而作的四六駢體文，這篇即便與魏晉六朝駢文放在一起也具極高的水準。

《日本書紀》除以漢文書寫外，也大量摘錄中國文章中的佳句。這種情況在神代還不算明顯，愈是接近編纂《日本書紀》的年代愈是明顯，甚至還出現將中國正史本紀整段移花接木成爲某某天皇的生平。由於《日本書紀》模仿、抄襲中國書籍的情況過於嚴重，因此江戶時代國學集大成者本居宣長認爲最能反映日本原始文化的精神是《古事記》，而非一味模仿中國的《日本書紀》，爲此本居花了三十五年的時間撰寫註釋《古事記》的《古事記傳》，使江戶時代已無法閱讀的《古事記》藉著《古事記傳》的出版造成研究熱潮，讓更多日本人投入國學研究，使得國學派的勢力最終超越儒學、陽明學、古學、蘭學，成爲江戶時代最有勢力的學問研究派系。

三、神武的糟糠之妻

《日本書紀》記載神武十五歲被立爲皇太子後，不久便娶日向國吾田邑吾平津媛爲妃，這位神武的糟糠之妻在《日本書紀》只出現這一次，《古事記》的名字變成阿比良比賣（發音相同，漢字轉換），同樣只出現一次。神武完成東征成爲「始馭天下之天皇」後，他覺得糟糠之妻吾平津媛配不上自己，於是納媛蹈鞴五十鈴媛命爲正妃，神武即位同時，扶媛蹈鞴五十鈴媛命爲皇后，這是日本史上第一位皇后。

與其說吾平津媛年老色衰而被神武遺棄，倒不如說事代主神和三島溝橛耳神這兩大家族在神武政權有多大的勢力。事代主神代表出雲勢力，雖在大國主命時讓國給天孫，然而接受讓國的天孫反而爲已讓國的大國主命建神社（見第二章），可見出雲勢力並不因爲讓國而失去對神武的影響力。三島溝橛耳神是大神神社的主祭神，名氣雖不如大國主命，好歹也是二十二社中七社之一（見第一章），在神武即位的奈良一帶仍有不可小覷的影響力。

相較之下，吾平津媛的娘家遠在九州南部日向（今宮崎縣），只是個被稱爲阿多（《古事記》）這一名不見經傳的小豪族。既然神武已決定在大和國定都即位，在奈良擁有影響力的三島溝橛耳神家族以及其姻親——在出雲有影響力的——事代主神家族才是適合成爲神武皇后的理想人選，就算神武本人沒有這種想法，他底下的大臣也會力勸他捨吾平津媛而就媛蹈韛五十鈴媛命爲皇后。

吾平津媛如此，她和神武生下的長男手研耳命的命運也就不難想像。在《日本書紀》中，手研耳命追隨神武東征，雖然在東征過程中並未立下功勞，但也沒出過差錯，然而因神武立媛蹈韛五十鈴媛命爲皇后之故，連帶手研耳命失去成爲神武繼承人的資格。《古事記》裡多藝志美美命（手研耳命在《古事記》的名字）連追隨東征的資格也沒了，神武崩御後他要納神武的皇后媛蹈韛五十鈴媛命，還要除掉媛蹈韛五十鈴媛命與神武所生的皇子，成爲徹底的反派。

四、神武天皇年代推測

神武於甲寅年決意東征，東征的日期爲冬十月丁巳朔辛酉，於己未年三月辛酉朔丁卯下詔建造宮殿，辛酉年春正月庚申朔即位於橿原宮，凡神武做出重大決定都與辛酉有關（不是在辛酉年就是在辛酉日）。天干地支是中國獨有的發明，是中國曆法的特色，連同年號外傳到朝鮮、日本、越南。日本使用年號始於孝德天皇即位時的大化（六四五～六五〇），干支在更早之前聖德太子攝政時就已傳入日本，不過聖德太子接觸的干支已雜有讖緯學之說。「讖」是秦漢時巫師、方士以卜卦看相維生的人士藉由天災人禍等自然現象或是施政疏失等實際行爲加工編造，成爲可以預言吉凶的隱語。「緯」是漢代以來的儒生假託古代聖人依附儒家經典衍生而出的類書，東漢流行的緯書總計有七種：《易緯》、《詩緯》、《書緯》、《禮緯》、《樂緯》、《春秋緯》、《孝經緯》。這七部緯書在東漢被稱爲「內書」，先秦時的儒家經典反而被稱爲「外書」。

讖緯學主要分爲三大範疇：一乃哲學思想，二爲古代科學知識，三是神學知識。這三個範疇的交互運用能將所有自然界不尋常的現象皆歸類爲天象示警，原本是用來規諫執政者的施政，讓執政者有所警惕。但是經常淪爲野心家的工具，利用自然界異常現象顯示執政者不再受到上天眷顧，進而執行朝代的輪替。簡言之，讖緯學乃是一種藉由天災異變等跡象對未來政治做出的預言。

讖緯學的著作之一《易緯》提及：「辛酉爲革命，甲子爲革令。」《詩緯》更提及：「十周參聚，氣生神明，戊午革運，辛酉革命，甲子革政……周文王戊午年決虞芮訟，辛酉年青龍銜圖出河，甲子年赤雀銜丹書。而聖武伐紂，戊午日軍渡孟津，辛酉日作泰誓，甲子日入商郊。」

從以上的敘述可知在讖緯學中戊午革運、辛酉革命、甲子革令（政），是一甲子中最重要的年份，一些野心家爲了讓自己的野心符合天意，會刻意挑辛酉年（月、日）起事，至於文王、武王的事蹟很有可能是讖緯書的作者硬湊湊出來的，倒不用過於當眞。戊午革運、辛酉革命、甲子革令（政）這種思想後來傳入日本，這點從《日本書紀》第三卷就能看出（《古事記》全書都沒有提及干支，或許這也是本居宣長推崇的原因之一）。

干支和讖緯學說傳入日本實際上應該更早於《日本書紀》編纂的八世紀初，六、七世紀之交的攝政聖德太子就已有使用干支的記錄，他在推古九（六〇一）年制訂神武即位年為從該年往上推一千二百六十年（一蔀），推古九年往前一千二百六十年即公元前六六〇年，該年即《日本書紀》第三卷神武即位於橿原宮的辛酉年，同時也是皇紀元年。

為何聖德太子會從推古九年往前推一蔀呢？東漢經學家鄭玄（字康成）曾為《易緯》注曰：「天道不遠，三五而反，六甲為一元，四六二六交相乘，七元有三變，三七相乘，廿一元為一蔀，合千三百廿年。（應為一千二百六十年才是）」推古九年正好是辛酉年，往前推一蔀的公元前六六〇年也是辛酉年，於是被聖德太子決定為神武的即位年。

《日本書紀》沿用聖德太子的神武即位年之說，雖是為日本的上古史畫出明確的年份，卻一舉將日本古代史提前數百年之久。為彌補這提前的空缺《日本書紀》第四卷出現八位只有名諱、定都之地、皇后名諱、皇太子名諱及其被立為皇太子的年份、在位年數及享年的天皇。八位天皇治世共長達四百八十三年之久，卻未曾記載這將近五世紀期間發生過的任何事蹟！

如此不尋常的情況令人質疑這八位天皇的眞實性，因而有質疑二到九代共八位天皇（綏靖、安寧、懿德、孝昭、孝安、孝靈、孝元、開化）是「闕史八代」的說法，事實上闕史的可能不只八代，提前的歷史可能不只四百八十三年而已。

神武東征中爲使出種種謀略、爲天皇東征立下汗馬功勞的道臣命被視爲日本忍者的始祖，後來成爲大伴氏之祖的道臣命被認爲是甲賀流五十三家之一的伴氏之祖。

五、神武天皇是徐市？

最後談談一個華人關心的話題：神武天皇究竟是不是秦始皇時代的齊國方士徐市（音福）？最早提到徐市事蹟的是西漢司馬遷的《史記》，提及秦始皇派遣方士入海求仙藥的有第六卷〈秦始皇本紀〉、第廿八卷〈封禪書〉以及第一百十八卷〈淮南衡山列傳〉。提到徐市名字的只有〈秦始皇本紀〉和〈淮南衡山列傳〉，以後者的內容最爲詳實，堪稱是徐市研究的第一手史料。不過《史記》只提及徐市奉始皇之命出海求不死仙藥，〈淮南衡山列傳〉記載徐市是前往一個「平原廣澤，止王不來」之地（平原寬廣多沼澤，偏僻到連王也不會想去之地），並未交代徐市抵達日本，更未直指徐市成爲神武天皇。

大概在唐末五代到北宋之際，徐市傳說逐漸成形，五代後周期間（九五一～九六〇）濟州（山東省濟寧市）開元寺僧侶義楚從與他交遊的文人名士（包括前來中國的日本僧侶和商賈）口中聽到的訊息來源撰寫成《義楚六帖》一書。

《義楚六帖》第廿一卷〈國城州市部〉的〈城廓、日本〉明確指出徐市最終到達之地爲日本，該卷內容傳達以下幾項訊息：

（一）徐市東渡到達日本

（二）日本國即是倭國

（三）日本國的地理位置在東海中

（四）「今人物一如長安」裡的「長安」泛指整個中國，前後文意思爲現在日本人外觀很像中國人，亦即日本人在外貌上與中國人相似，暗指這裡的人是從中國前去的。

（五）「今子孫皆曰『秦氏』。」並非專指姓秦的子孫，可擴大解釋爲徐市帶去的童男童女子孫都自稱爲「秦氏」。

從《史記》到《義楚六帖》，徐市從出海求不死之藥變成率領童男童女定居日本，明太祖朱元璋與五山文學的翹楚絕海中津的應答詩更令人加深徐市定居日本的印象：

《應制賦三山》．絕海中津

熊野峰前徐福祠，滿山藥草雨餘肥。
只今海上波濤穩，萬里好風須早歸。

《明太祖和詩》．朱元璋

熊野峰高血食祠，松根琥珀也應肥。
當年徐福求仙藥，直到如今更不歸。

綜上所述徐市從出海求不死之藥變成率領童男童女定居日本，轉變的關鍵爲《義楚六帖》。北宋以後，歷代文人的詩文中已普遍出現徐市定居日本的記載；降至明清不僅文人的詩文，就連史書也出現徐市定居日本的記載，如清末曾任日本使館參贊的黃遵憲在其著作《日本國志》第一卷提到：「相傳孝靈（第七代天皇）時，徐福率童男女三千人來居熊野浦。」連《日本國志》這部普遍被認爲近代中國罕見的日本通著作也被歷代以訛傳訛的說法誤導，另一方面從《日本國志》的記載可看出清末還未盛行「徐福就是神武天皇」這種說法，這種說法究竟始於何時呢？

民初曾任四屆訓政時期立委的衛挺生博士於一九五〇年代先後撰寫《日本神武開國考》、《日本神武開國新考》、《徐福與日本》等書，提出徐市即是神武天皇的結論。衛挺生在該書指出徐市分別於始皇廿八（公元前二一九）年及始皇三十六（公元前二一一）年三次往來於中國與日本。第一次出海的目的在於尋找可以遠離秦朝暴政的移民地點，三個月後徐市返回琅邪，向始皇報告後率領令名男子（剛取完名字的男子）若振女（出生後不久的女子）與五穀種種百工出海求仙藥，進行第二次出海。徐市一去數年，音訊全無。這段期間秦始皇在博浪沙遭人狙擊（始皇廿九年）；內政上聽信丞相李斯「有敢偶語詩書者棄市，以古非今者族」進行焚書（始皇三十四年）；又因派出的方士侯生、盧生求仙藥不得而逃亡，憤怒的始皇於是坑殺咸陽境內的四百六十多位儒生，是爲「坑儒」（始皇三十五年）。就在秦始皇逐漸對不死仙藥失去耐性時，徐市於坑儒翌年（始皇三十六年）出現在前兩次出海的琅邪與始皇「不期而遇」，徐市跟始皇說道仙藥可得，但苦於大鮫魚，希望始皇能派出善射者，並準備連弩讓他帶到海上去。

以上是〈秦始皇本紀〉及〈淮南衡山列傳〉對徐市出海求不死仙藥記載的梗概。依衛挺生氏的論點，徐市第一次出海是爲找尋可安置數千人童男女（〈秦始皇本紀〉，〈淮南衡山列傳〉則記載「振男女三千人」）的地方。第一次出海與第二次出海間隔三個月，亦即徐市第一次出海後包括在海上航行、安置人數眾多的童男女（不管是三千或數千）、再折返回琅邪與秦始皇見面。第二次出海到第三次出海間隔約八年，這段期間依衛挺生的論點徐市在日本教育數千童男女，日後神武與兄磯城作戰時使用的男軍、女軍，衛挺生指出即是此時的童男女。徐市第三次與秦始皇見面時得到始皇首肯派出善射者以及連弩這種殺傷力強大的武器，衛挺生認爲徐市東征的條件已完全具備，於是返回日本展開歷時七年的神武東征，最終於橿原即位成爲日本首位天皇。

衛挺生氏的推論乍看合情合理，然而第一次出海與第二次出海只隔三個月，在沒有航海圖、也尚未將羅盤運用在航海上的公元前時代，三個月要完成在海上航行、安置人數眾多的童男女、再折返回琅邪與秦始皇見面三件事頗有難度。另外，衛挺生氏說徐市帶去的童男女就是神武東征時對抗兄磯城的男軍、女軍，但是按照令名男子若振女的解釋都是出生未滿周歲的童男女，到徐市第三次出海時未及十歲，再歷經七年東征也不過才十五、六歲，這樣的軍隊戰力能夠和成年人對抗嗎？實在令人感到懷疑。再者徐市第三次出海是有帶上善射者和連弩這種當時日本尚未具有的武器，如果徐市眞是神武天皇，那麼東征對他而言理應摧枯拉朽才是，然而神武在東征初陣孔舍衛秖之戰傷亡慘重，還折損神武的兄長五瀨命（衛挺生並未交代他和徐市的關係），而且從《日本書紀》和《古事記》的記載看不出神武的軍隊有使用連弩武器的記錄，所以徐市等於神武天皇可以畫上等號嗎？作者不無疑問。

徐市爲秦始皇出海求仙藥應該是確有其事，他出海的地點應該也可以確認在山東琅邪一帶，即今日山東省青島市附近。青島向東可到朝鮮和日本九州，但從〈淮南衡山列傳〉記載的「平原廣澤，止王不來」一文來看，朝鮮應可排除在外，當時朝鮮是由箕子的後裔統治，徐市到達之地若是朝鮮，司馬遷應該不會形容當地是「止王不來」；同樣若徐市到達之地是今日的琉球，司馬遷應該也不會形容當地是「平原廣澤」，因此徐市抵達日本的機率可說是相當高。

徐市有沒有到日本是一回事，是不是神武天皇又是一回事，即便能證明徐市到過日本，也不代表他一定就是神武，要證明徐市是神武必須有更多的證據佐證才行！

第五章

日本武尊

倭建命（日本武尊）旋即來到出雲國，是為了殺該國首領出雲建而來，見了出雲建馬上和他成為好友。倭建命私下以赤檮木做成一柄假刀配戴在身上，與出雲建前往肥河沐浴。先行沐浴完畢的倭建命起身後拿著出雲建解下的大刀說道：「我們互換彼此的佩刀吧！」因此，之後才上岸的出雲建配戴了倭建命掉包的假刀。然後倭建命又向出雲建挑戰：「我們來比畫吧！」在各自拔刀準備比試時，出雲建拔不出假刀，而遭來勢洶洶的倭建命斬殺。

小碓尊

大足彥忍代別天皇（漢風諡號爲景行天皇）是活目入彥五十狹茅天皇（第十一代垂仁天皇）的第三皇子，生母是皇后，名爲日葉洲媛命，是丹波道主王之女，活目入彥五十狹茅天皇三十七年被立爲皇太子。九十九年春二月，活目入彥五十狹茅天皇崩御。

元年秋七月己巳朔己卯（十一日），太子即天皇位，因此改元，是年干支爲辛未。

二年春三月丙寅朔戊辰（三日），立播磨稻日大郎姬爲皇后，后生二男，第一名爲大碓皇子，第二名爲小碓尊。兩人是同卵雙胞胎，天皇訝異於兩人容貌的相似，因而稱爲「碓」，於是天皇爲他們命名爲大碓、小碓。小碓尊亦名日本童男，也稱爲「日本武尊」，幼時有雄略之氣，成年後容貌魁偉，身長一丈，力能舉鼎。

豆知識 丹波道主王

也稱為丹波道主命，依《日本書紀》第五卷記載是開化天皇（第九代）之孫，崇神天皇（第十代）十年九月丙戌朔甲午（九日），崇神天皇派出四道將軍經營各地，丹波道主命被賜予印綬派往丹波平定該地勢力，四道將軍於同年冬十月乙卯朔丙子（廿二日）出發，翌年夏四月壬子朔己卯（廿八日）平定後定居該地。依《日本書紀》第六卷記載，垂仁天皇十五年春二月乙卯朔甲子（十日），天皇召丹波五名女子入後宮：第一名日葉酢媛（日葉洲媛命），第二名渟葉田瓊入媛，第三名真砥野媛，第四名薊瓊入媛，第五名竹野媛。秋八月壬午之朔，日葉酢媛被立為皇后，她的三個妹妹亦被選為妃，只有竹野媛因容貌醜陋被遣返回本國，竹野媛深以為恥，在返回途中自盡。

《古事記》中卷則有出入，垂仁天皇聽皇后冰羽州比賣命（丹波比古多多須美知能宇斯王之女，沼羽田之入毘賣命、阿邪美能伊理毘賣命為其妹）的建言，召上美知能宇斯王（與丹波比古多多須美知能宇斯王不同人）之女比婆須比賣命、弟比賣命、歌凝比賣命、圓野比賣命四人入宮，但只留下比婆須比賣命和弟比賣命，其他兩人因容貌醜陋被送回，在《古事記》裡感到恥辱而自殺的改為圓野比賣命。

日本武尊征討熊襲

景行天皇二十七年秋八月，熊襲復叛，侵擾邊境不止。冬十月丁酉朔己酉（十三日），遣日本武尊攻擊熊襲，武尊時年十六。日本武尊說道：「我要跟神射手一同前去平亂，但哪兒有神射手呢？」有人聽聞此事，向日本武尊進言：「美濃國有位神射手，名爲弟彥公。」於是日本武尊派遣葛城人宮戶彥前去召弟彥公，於是弟彥公率領石占橫立以及尾張的田子稻置、乳近稻置前來投靠，追隨日本武尊踏上征討熊襲之路。

十二月，日本武尊一行人來到熊襲國，然後打聽該國的消息和視察地形地貌。此時，熊襲有個魁帥（勇猛的領袖）名叫取石鹿文，也叫做川上梟帥，正聚集親族友人設宴款待。於是日本武尊解開髮辮打扮成童女，與其他人一起參加川上梟帥的宴會。日本武尊將短劍藏在衣帶裡，走進川上梟帥的宅邸，混在女人堆中。川上梟帥著迷於日本武尊的童女扮相，牽著他的手與己同席，舉杯勸酒，言談中不時戲謔。夜深人群逐漸散去，川上梟帥

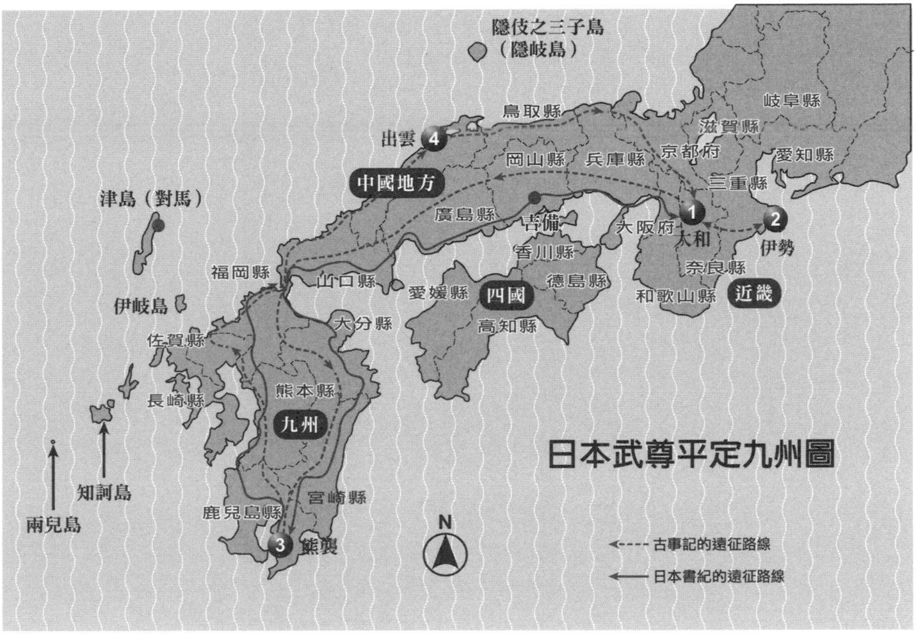

日本武尊平定九州圖

也因多飲而酒酣，此時日本武尊從衣帶裡拿出短劍刺進川上梟帥的胸口。

川上梟帥並未馬上死去，一息尚存看著正準備補上最後一劍的日本武尊說道：「請等一等，我有話要說。」日本武尊暫停手邊的動作，川上梟帥恭恭敬敬問道：「請問您是何方神聖？」日本武尊回答：「吾乃大足彥天皇之子，日本童男是也！」川上梟帥一聽，態度更爲恭敬的說道：「我是國中數一數二的強力者，無人在力道上勝過我，所以沒有不遵從我的。我遇到的多數是武人，未曾有過像皇子般尊貴之人，請准許卑賤的我給您上個尊號，請您准許。」日本武尊答道：「好

日本武尊像／菊池容齋繪

的。」川上梟帥說道：「從今以後皇子宜改稱爲日本武皇子！」說完日本武尊短劍穿透川上梟帥，此後迄今仍被讚譽爲日本武尊，緣由乃出於此。之後，日本武尊派遣弟彥等人悉數斬殺川上梟帥的餘黨，無一生還。之後尋海路返回大和，渡穴海盜吉備，該地有惡神，日本武尊將其除去。抵達難波時，除去當地的柏濟惡神。

二十八年春二月乙丑朔，日本武尊進宮向天皇上奏平定熊襲的經過：「臣仰賴天皇神靈庇佑，舉兵誅殺熊襲之魁帥，已完全平定該地。至此西疆穩固，百姓安居樂業。惟，吉備穴濟神及難波柏濟神有害人之心，施放毒氣，往來行人苦於此害，成爲禍害淵藪。因此，悉數除去這兩惡神，開啓水陸兩方捷徑。」天皇褒揚日本武尊的功勳，對他更爲寵愛。

日本武尊東征

四十年夏六月，東夷出現許多叛亂，造成邊境騷動。秋七月癸未朔戊戌（十六日），天皇召集群卿說道：「現在東國不穩，荒神四起，另外蝦夷也全都蜂起叛亂，掠奪人民，應派何人前往平亂？」群臣面面相覷，不知該派誰去較好。日本武尊上奏道：「臣先前已勞神西征，此次出征務必由大碓皇子一肩扛起。」大碓皇子聞言愕然，遁往草叢中藏匿。不久天皇派出使者召回大碓皇子，天皇責難道：「既然你不想前去，豈能強求你去？尚未正面與敵人對峙，何以未戰先懼？」於是將美濃封給大碓皇子，大碓皇子於是動身前往領地，是身毛津君、守君兩支氏族的始祖。

日本武尊向天皇自告奮勇道：「平定熊襲不過數年，如今東夷叛亂，何時才能平亂？為求天下太平，臣雖疲累，願一舉平亂。」於是天皇手持斧鉞，授予日本武尊，說道：「朕聽聞東夷心性頑強，以燒殺擄掠為業，村中無長，邑中無首，侵犯邊界，掠奪人財。此外，山有惡神，郊外有姦邪，阻塞道路，多令人苦。東夷之中，蝦夷尤強，男女雜居，父子無別，冬則宿穴，夏則巢居。著毛皮，飲生血，昆弟相疑，登如飛禽，行如走獸。受恩即忘，睚眥必報，是以箭矢隱於髮髻，刀劍藏於衣帶。有時聚集黨徒，侵犯邊界；有時趁農桑之時，掠奪人民。發兵攻擊則隱匿草叢，深入追擊則沒入山中，是以遠古以來未受王化。依朕觀察，汝身長高大，容姿端正，力能舉鼎，猛如雷電，所向披靡，出擊必勝。雖爲吾子之身，實則爲神人！誠爲上天憐朕駑鈍、國內動盪，而賜汝生於吾家，佐朕以調整國政，使皇統不絕。所以天下即汝之天下，皇位亦汝之皇位。願汝深謀遠慮，通曉敵意，恩威並濟，不戰而令蝦夷臣服。亦即以巧言震懾荒神，示武以攘除姦鬼。」

於是，日本武尊接下天皇授予的斧鉞，再次拜謝天皇之恩，說道：「先前征西之時，賴皇靈之威，舉三尺之劍擊討熊襲國，費日無多即令賊首伏罪。今次亦仰神靈皇威，深入敵境示以德教，若有不服即舉兵討伐。」說完後再向天皇拜謝。天皇命吉備武彥和大伴武日連爲日本武尊的隨從，另外命七掬脛爲膳夫。

冬十月壬子朔癸丑（二日），日本武尊一行出發。戊午（七日）繞行至伊勢神宮祭拜，祭拜完後與倭姬命（垂仁天皇與皇后日葉洲媛命之女，是景行天皇同母妹，日本武尊的姑母，此時擔任伊勢神宮齋宮）辭別，說道：「如今奉天皇之命東征，征討東夷等眾多叛亂，特別前來辭行。」倭姬命取來草薙劍，授予日本武尊道：「謹慎以行，莫小看敵人而大意。」該年，日本武尊首度來到駿河。該地盜賊佯裝順從日本武尊而欺騙他道：「這片原野麋鹿甚多，吐氣如朝露，足跡如茂林，務請進來狩獵。」日本武尊聽信其言，進入原野尋找獵物。盜賊早有除掉日本武尊的意圖，於是縱火焚燒原野。日本武尊看見著火方知受騙，拿出打火石點火向著火處走去，最終免於被火焚燒。日本武尊對盜賊道：「被你們騙了，差點死在裡面。」於是放火燒死這些盜賊，將其消滅，至今此地仍被稱爲燒津（今靜岡縣燒津市）。

日本武尊像／歌川國芳繪

日本武尊接著前往相模，想一舉前進至上總。此時看見大海橫阻於前，他慷慨激昂的說道：「如此一片小海，用跳的就能跳過。」可是當日本武尊跳進海中時，忽然起了暴風，日本武尊搭乘的船隻隨風漂流，無法橫渡。此時，有位隨日本武尊前來名

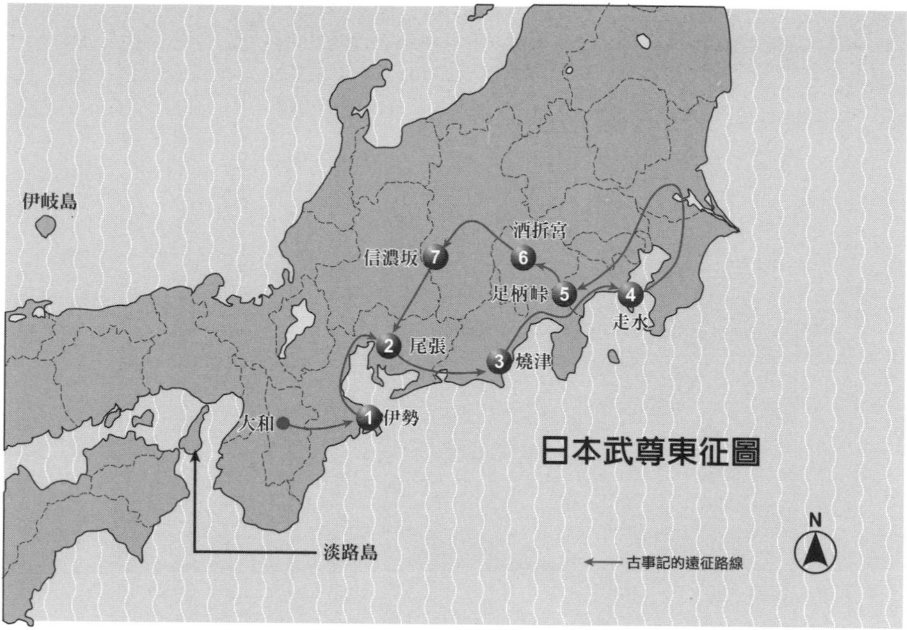

爲弟橘媛的侍妾，她是穗積氏忍山宿彌之女，恭敬的對日本武尊說道：「如今風起浪高，王船幾欲沉沒，想必是海神的意念，賤妾願以己身代您入海以平海神之怒。」弟橘媛說完立即跳入海裡，風暴當下停止，王船因而能靠岸，時人遂將這片海稱爲「馳水」（東京灣浦賀水道）。

之後日本武尊轉進上總，繼續推進至陸奧國。斯時，將大鏡懸掛在王船前，以海路於葦浦迴轉，再橫渡玉浦入蝦夷之境。蝦夷賊首島津神、國津神等人屯兵聚集竹水門，準備與來犯的日本武尊作戰。不過當他們遙望王船時，內心震懾於其威勢，自知無法戰勝日本武尊，紛紛拋下弓矢，下跪拜道：「您的容姿秀麗，決非常人，猶如天神下凡，可否告知姓名？」日本武尊答道：「吾乃現人神之子。」於是，蝦夷眾悉數端正坐姿，提著和服的下襬，踩著浪花，親自推扶王船靠岸。然後將兩手縛於身後向日本武尊降伏。日本武尊赦免其罪，要首帥（首領）追隨自己。於是日本武尊平定蝦夷，自日高見國返回，向西南方取道常陸抵甲斐，停留酒折宮（山梨縣甲府市酒折）。斯時，舉燭進食，當晚，日本武尊唱歌問侍者：

經過新治和筑波等地以來，不知已在外露宿幾個夜晚。

眾多侍者都答不上來，這時有個秉燭的人接續日本武尊的歌末，唱道：

日數來計的話，夜是九夜，日是十日。

日本武尊相當讚賞秉燭者的機智，給予豐厚的獎賞，在日本武尊滯留期間，以　部賜予大伴武日連。日本武尊說道：「蝦夷這等凶惡，悉數伏罪。但是信濃國和越國也絲毫不曾沐浴王化，抵死不從。」於是從甲斐往北，歷經武藏、上野來到西邊的碓日秔（碓冰峠）。此時的日本武尊，經常浮現出思念弟橘媛之情，他登上碓日嶺，望著東南方三嘆：「吾嬬啊！」因此東山道諸國稱爲吾嬬國（也寫作「吾妻國」、「東國」）。在此道路一分爲二，將吉備武彥派往越國，命他監察該地的地形與人民順從與否。

至於日本武尊則進入信濃國，信濃國有著高山和深谷，地形起伏極大，翠綠群山重巒疊嶂，常人不持手杖無法攀登。山巖險峻石秔道細長綿延，高峰相連直至天際，良馬亦難行。然而日本武尊無視地勢的險峻，披煙凌霧，穿過遙遠大山，終於來到山的頂烙，疲累至極的日本武尊於是在深山就食。山神爲了讓日本武尊受苦，變身成一頭白鹿現身在他面前。日本武尊雖感訝異，但拾起路旁的蒜頭要丟給白鹿吃，不巧命中白鹿的眼睛，白鹿當場死去。之後日本武尊突然在山裡迷失方向，遍尋不到下山的山路。此時突然出現一隻白狗，似乎是要引導日本武尊的樣子，日本武尊於是尾隨在白狗之後，最終走出群山，來到美濃，與從越國而來的吉備武彥會合。在此之前，翻越信濃秔（御秔峠）的人因長時間浸染在神的氣息中病倒，不過自日本武尊宰殺白鹿後，翻山越嶺者嚼食大蒜，並塗在人和牛馬身上，從此不再受神的氣息侵擾。

《日本書紀》與《古事記》名稱對照

《日本書紀》	《古事記》	念法（羅馬拼音）
大足彥忍代別天皇	大帶日子淤斯呂和氣天皇	Ootarashihikooshirowakenosumeramikoto
活目入彥五十狹茅天皇		
日葉洲媛命	比婆須比賣命	Hibasuhimenomikoto
丹波道主王	丹波比古多多須美知能宇斯	Tanbanomichinushinomikoto
渟葉田瓊入媛	沼羽田之入毘賣命	Nubataniirihime
真砥野媛	圓野比賣命	Matonohime
薊瓊入媛	阿邪美能伊理毘賣命	Azaminiirihime
竹野媛		Takenohime
	美知能宇斯王	Michinoushinomiko
	弟比賣命	Otohimenomikoto
	歌凝比賣命	Utagorihimenomikoto
播磨稻日大郎姬	針間之伊那毘能大郎女	Harimanoinabinoooiratsume
大碓皇子	大碓命	Oousunomiko
小碓尊	小碓命	Ousunomikoto
日本武尊		Yamatotakerunomikoto
弟彥公		Otohikonokimi
宮戶彥		Miyatohiko
吉備武彥	（御鉏友耳建日子？）	Kibinotakehiko
大伴武日連		Ootomonotakehinomuraji
七掬脛	七拳脛	Nanatsukabaki
倭姬命	倭比賣命	Yamatohimenomikoto
弟橘媛	弟橘比賣命	Ototachibanahime
島津神		Shimadukami
國津神		Kunitsukami
吾嬬國		Azuma

日本武尊病逝

日本武尊再度回到尾張，立即娶尾張氏之女宮簀媛，因而滯留尾張超過一個月。這段期間聽聞近江五十葺山（現伊吹山）有荒神，當下即解下佩劍安置於宮簀媛家中，隻身徒步前往。來到膽吹山（即伊吹山）遇上化爲大蛇的山神阻擋去路，日本武尊不知這是主神（神的正體）化身的大蛇，當著大蛇面前說道：「這隻大蛇必定是荒神的使者，既然可以除掉主神，何必只滿足除掉使者？」於是跨過大蛇，繼續往前行進。這時山神起雲降冰，山峰

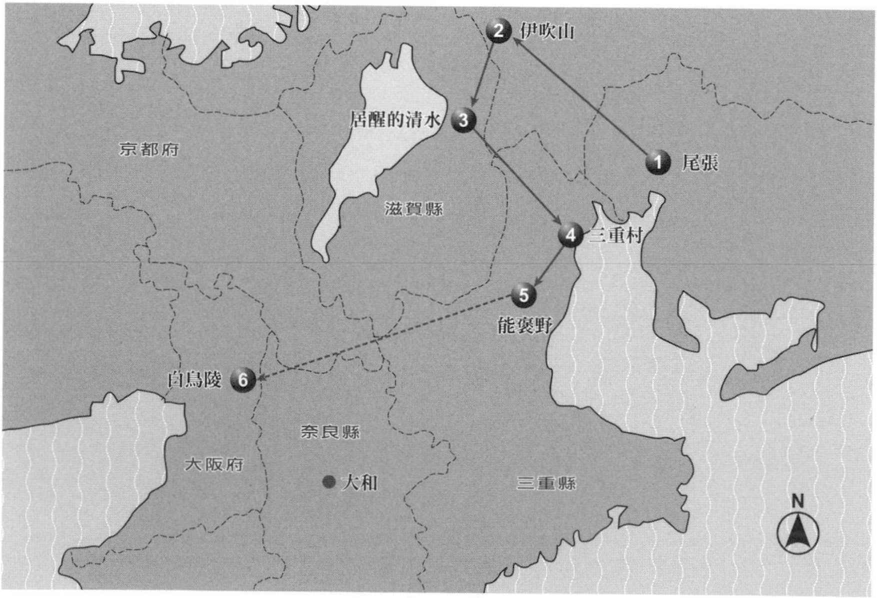

日本武尊最後之途

上雲霧繚繞，山谷昏暗不見天日，不見可行之路，日本武尊漫無目的的行走，始終難以走出。最後日本武尊於霧中強行，勉強在山重水複中走出柳暗花明來，但仍魂不守舍般跌跌撞撞。後來走到山下泉水旁，喝下泉水後逐漸恢復心智，於是將該泉水命名爲居醒泉。日本武尊至此身體已有病痛，但仍強行起身返回尾張。不過日本武尊並不進入宮簀媛家中，而是前往伊勢，最終來到尾津。

從前日本武尊東征之時，曾逗留在尾津濱就食，當時他解下佩劍置於松下，然後忘記而離去。如今舊地重遊，當時置於松下的劍猶在，於是日本武尊唱道：

從尾張筆直前行會看到一棵孤立的松樹，
這棵孤立的松樹若是人，
我會為他穿上衣服、配上太刀。

日本武尊來到能褒野（三重縣龜山市）時已病入膏肓，於是將先前俘虜的蝦夷人獻給伊勢神宮，並派吉備武彥快馬向天皇上奏：「臣奉朝廷命令遠征東夷，仰賴天地諸神庇佑、皇威護身，使叛亂者伏罪、荒神歸順。如今解甲收戈，安心歸來。盼待有朝一日進宮向朝廷覆命。怎奈天命已盡，餘日無多，獨居曠野，無人可語。臣死本不足惜，惟，未能覆命後再死。」吉備武彥返回朝廷傳話時，日本武尊已在能褒野病逝，得年三十歲。

天皇聽到日本武尊的死訊，哀慟不已，就寢時無法入睡，用膳時食之無味，晝夜號泣，搥胸頓足。終日哀嘆：「往昔熊襲背叛時，吾子小碓王尚未成年，長期在外征討，繼而隨侍在側，補朕之不足。然，東夷騷動無人可伐，不得不派入賊境。朕無一日不思念吾子，朝夕佇立，以待歸來。何以致禍？何以致罪？不意之間，吾子倏亡。今後朕與誰共治鴻業？」下令群卿百寮葬日本武尊於伊勢國能褒野陵。

這時，日本武尊化成白鳥，從陵寢中飛出，直朝倭國飛去。群臣打開日本武尊的棺槨一看，只有死者的裝束而無屍身。於是群臣派出使者找尋白鳥的蹤跡，發現白鳥停留在倭國的琴彈原（奈良縣御所市），天皇下令也在該地建造陵寢。白鳥最後飛到河內國，停留在舊市邑（大阪府羽曳野市），天皇也在該地建造陵寢。所以當時的人將這三處陵寢皆稱作白鳥陵，然而白鳥振翅高飛，直入天際，陵寢裡安葬的只是衣冠，爲的是要記錄日本武尊的功績，亦即武部，這一年是天皇在位四十三年。

五十一年秋八月己酉朔壬子（四日），天皇立稚足彥尊（景行天皇第四皇子，生母爲八稅入媛命，第十三代成務天皇）爲皇太子，也在同一天任命武內宿禰爲棟樑之臣。起初，日本武尊配戴的草薙橫刀安置在尾張國年魚市郡（愛知郡）熱田社。不過先前獻給伊勢神宮的蝦夷人晝夜吵鬧，舉止失禮，倭姬命於是向朝廷進言：「不可讓蝦夷人接近神

豆知識　武內宿禰

日本古代史人物，據《日本書紀》記載，是屋主忍男武雄心命與紀直遠祖菟道彥之女影媛所生之子，是孝元天皇三世孫。但《古事記》則記載為孝元天皇皇子比古布都押之信命和宇豆比古之妹山下影日賣所生，是孝元天皇之孫。歷任景行、成務、仲哀、應神、仁德五代天皇（外加攝政神功皇后）共三百多年，特別是在仲哀天皇征討熊襲時猝逝，武內宿禰以元老身分力挺神功皇后攝政，穩定朝廷，並協助神功皇后出兵征討三韓（詳見第六章），充分扮演「國之棟樑」的角色，據《古事記》記載，武內宿禰是巨勢臣、平群臣、蘇我臣、紀臣等廿七個氏族之祖。

宮。」朝廷採納倭姬命的建言，將這些蝦夷人安置在御諸山（三輪山，位於奈良縣櫻井市）旁。過不了多時，神山的樹木全部伐盡，出入鄰里大聲叫號，人民生活受脅。天皇聽

神祇與神社

熱田神宮，位於愛知縣名古屋市熱田區，尾張國三宮，名神大社、官幣大社，現為神社本廳的別表神社。以三大神器之一的草薙劍為主祭神，除伊勢神宮、石清水八幡宮等少數神宮外，地位幾乎凌駕在所有神社之上，自景行天皇四十三（一一三，日本武尊逝世該年）年以來，已有超過一千九百年的歷史。

熱田神宮大宮司一職由尾張國造後裔尾張氏世襲（《日本書紀》日本武尊之妻宮簀媛即出自該氏），平安末期一度由藤原南家擔任，平安末期武將源義朝即娶熱田神宮大宮司藤原季範之女為正室（賴朝生母），之後由藤原南家、千秋氏、尾張氏輪流擔任。

由於熱田神宮位於名古屋市，來往交通非常便利，可搭名鐵名古屋本線、常滑線於神宮前驛、名古屋市營地下鐵名城線於神宮西驛、傳馬町驛以及JR東海道本線熱田驛等站下車。

聞後召集群卿：「徙於神山旁之蝦夷人，原本保有獸心，難以安置畿內。是以隨其情願，令其遷徙至近郊之外。」是現今播磨、讚岐、伊豫、安藝、阿波等五國佐伯部之祖。

日本武尊最初娶兩道入姬（垂仁天皇皇女，景行天皇異母妹）皇女爲妃，生下稻依別王（《古事記》名字相同，但母親爲近江安國造意富多牟和氣之女布多遲比賣），其次足仲彥天皇（即第十四代仲哀天皇），其次布忍入姬命，其次稚武王，居長的稻依別王是犬上君、武部君二族的始祖。又娶吉備武彥之女吉備穴戶武媛爲妃，生下武卵王與十城別王，居長的武卵王是讚岐綾君的始祖，而十城別王則是伊豫別君的始祖。其次又以穗積氏忍山宿彌之女弟橘媛爲妃，生稚武彥王。

《古事記》有關日本武尊的篇幅比《日本書紀》略少，記載內容及順序都略有不同，以下介紹之。

大帶日子天皇有記載的皇子有廿一名，未列入記載的有五十九名，總共八十王之中，若帶日子命、倭建命（小碓命）與五百木之入日子命三王爲皇太子，其餘七十七王分別賜爲諸國國造、和氣（別，皇別氏族）、稻置（地方小豪族）、縣主（縣長），由若帶日子命統治天下。小碓命先後平定東西方荒暴的眾神，以及不服從朝廷的人。其次櫛角別王

（景行天皇和針間之伊那毘能大郎女所生之皇子，是大碓命和小碓命的同母兄弟）爲茨田下連的祖先；其次大碓命爲守君、大田君、島田君的祖先；其次神櫛王爲木國（紀伊國）之酒部阿比古、宇陀酒部的祖先；其次豐國別王爲日向國造的祖先。

天皇聽說三野（美濃）國造之祖大根王女兒兄比賣、弟比賣容姿貌美，於是派遣大碓命皇子召兩姊妹入宮。但是派去的大碓命並未將她們帶入宮，大碓命當下就與她們姊妹成親，另外找人冒充她們姊妹獻給天皇。天皇知道獻上來的少女不是他翹首期盼的姊妹花後悶悶不樂，也不與她們結婚，只是獨自煩惱。大碓命娶兄比賣，生下押黑之兄日子王，是美濃宇泥須和氣的祖先。又娶弟比賣，生下押黑弟日子王，是牟宜都君的祖先。在天皇的治世設置田部，又設置東國的淡水門（安房國和相模國間的浦賀水道）、膳之大伴部、大和國的屯倉。另外開挖秔手池，並在池堤旁種植竹子。

有一次，天皇對小碓命說道：「你兄長爲何早晚餐時間經常不出來？你好好勸勸他吧！」過了五天，天皇在用餐時依舊沒見到大碓命，於是問小碓命：「你兄長爲何這麼久還未出現？難不成你還未告訴他嗎？」小碓命回答：「我已告訴他了。」天皇再問：「你是怎麼告訴他的？」小碓命答道：「早上兄長起身入廁時，我埋伏在旁制伏他痛打一番，把他的手腳折斷，用草蓆包覆好然後丟棄。」

天皇對小碓命的暴戾性格深爲惶恐，於是說道：「西方有熊曾建二人，他們不服從朝廷又是無禮的人，由你去平定他們。」說完就派小碓命出征，當時小碓命還只是個結髮於前額的少年。於是小碓命向他的姑母倭比賣命要了一套衣服，把劍藏於懷中就踏上西行之路。小碓命來到熊曾和建的家，看見他們家四周圍了三重兵力，中間是已蓋好的新居，大家熱熱鬧鬧的舉辦慶祝宴會，並準備宴會的食物。小碓命於是在新居周遭行動，等待宴會當天到來。

到了宴會當日，小碓命解下前額的結髮，梳成少女髮型般的辮子，穿上從姑母那兒要到的女裝，打扮成少女，混進女人堆中，進入熊曾和建的新居。熊曾建兄弟看見小碓命的少女扮相，驚艷於他的容貌，就叫他坐在兩兄弟中間，飲酒作樂。酒酣耳熱之時，小碓命從懷裡取出劍來，拉住熊曾的衣襟，用劍刺穿他的胸口。他的弟弟建見狀心生畏懼，往外逃出，小碓命一個箭步追了出來，來到房子的樓梯時追上了建，從他的背後抓住他，用劍刺穿他的屁股。

這時熊曾和建兩人道：「請勿動刀，我們有話要說。」小碓命接受他們的要求，把他們兩人押倒在地。兩人齊聲問道：「你是誰？」小碓命答道：「吾乃坐鎮纏向日代宮統治大八島國的大帶日子淤斯呂和氣天皇的皇子，倭男具那王是也！天皇曾說過：『聽聞熊曾和建二人不服從朝廷且又是無禮的人，派你去平定他們。』」熊曾和建兩人說道：「的確如此！在西方除了我們兩兄弟外，就沒有更強的人了。然而在大和國卻有比我們兩兄弟更強的人，所以請讓我們爲您獻上新名字，從今以後請您自稱倭建御子。」說完，小碓命像劈開熟透的瓜般手起刀落劈開兩人的腦袋。從此小碓命接受熊曾建兩兄弟獻給他的新名字，自稱爲倭建命，然後在返回大和的途中，順道平定沿途的山神、河神以及海峽神，使他們順從後返回朝廷謁見天皇。

倭建命旋即來到出雲國，是爲了殺該國首領出雲建而來，見了出雲建馬上和他成爲好友。倭建命私下以赤檮木做成一柄假刀配戴在身上，與出雲建前往肥河沐浴。先行沐浴完畢的倭建命起身後拿著出雲建解下的大刀說道：「我們互換彼此的佩刀吧！」因此，之後才上岸的出雲建配戴了倭建命掉包的假刀。然後倭建命又向出雲建挑戰：「我們來比畫吧！」在各自拔刀準備比試時，出雲建拔不出假刀，而遭來勢洶洶的倭建命斬殺。倭建命於是唱道：

出雲建配戴在身上的刀，刀鞘纏上許多葛藤，外觀雖氣派卻無刀刃，真是可憐。

殺死首領後再加以平定餘黨，然後返回覆命。

之後天皇又頻傳倭建命：「去平定東方十二國的粗暴眾神並讓反抗朝廷的民眾服從。」天皇又命吉備臣的祖先御鉏友耳建日子做爲隨從，並賜予他比比羅木之八尋矛。倭建命領命前往東國的途中，順便折往伊勢神宮代表朝廷進行參拜。他向姑母倭比賣命訴苦：「天皇眞是要置我於死地，才剛平定西方的惡人回來，一刻不得閒，也不犒賞慰勞眾軍士的辛苦，馬上又要我領軍去平定東方十二國的惡人。我幾經思考，只能認爲天皇對我是不除不快！」說完悲從中來哭泣

日本武尊像／高橋由一繪

起來，此時倭比賣命送他草那藝劍（即草薙劍）和一隻御囊，再三吩咐：「若是眞遇上危急，再打開御囊來看。」

來到尾張國，晚上住在尾張國造之祖美夜受比賣的家裡，倭建命雖想立即和美夜受比賣結婚，最後還是打消想法決定平定東國凱旋歸來時再結婚，於是帶著和美夜受比賣的結婚約定前往東國，悉數平定當地粗暴的山川眾神和反抗朝廷的民眾。

來到相武國（相模國）時，當地國造欺騙他道：「這片野地裡有個大沼澤，沼澤中住著一個非常粗暴的荒神。」倭建命決定要去會會這個荒神，於是進入荒野。等倭建命一進入荒野，國造便放火燒原野，倭建命這才發覺上當受騙，於是打開姑母倭比賣命送的御囊一看，原來裡面裝的是打火石。倭建命於是用草那藝劍割草，再用打火石點火燒草，逼退延燒過來的火焰，最終安然無事的走出來，斬殺欺騙他進入野地的國造等人，並點火焚燒野地，現在仍稱這片被火燒過的野地爲燒津。

倭建命再往東要渡船過走水海時，海神興波起浪，船隻被打得無法出航。這時倭建命的妃子弟橘比賣命對倭建命說道：「讓妾身代替皇子投身入大海吧！請皇子盡速完成平定東國的任務，返回朝廷向天皇覆命。」要入海時，在波浪上分別鋪了八層的草蓆、皮墊、絹絲，然後坐在上面。於是波浪平穩下來，倭建命的船隻得以出航。這時聽見弟橘比賣命的歌聲：

相模國的原野燃起熊熊大火，站在熊熊大火外的我問起是否安然無恙的我的相公。

七大之後弟橘比賣命的梳子漂流到海邊，倭建命撿起她愛用的梳子，爲她建造墳墓將梳子埋於其中。

倭建命再繼續東進，完全平定了荒暴兇殘的蝦夷，也平定了各地山川的兇神。在凱旋返回的途中，來到足柄山的山下，正要吃著乾飯時，足柄山的山神化身成一頭白鹿向倭建命走來。倭建命以爲白鹿看見他在就食，順手拿起快吃完的蒜片丟向白鹿，不料卻命中白鹿的眼睛，白鹿當場死去。接著倭建命登上足柄山，連嘆三聲：「啊！吾妻啊！」此後足柄山一帶便命名爲吾妻國。

之後，越過吾妻國進入甲斐國，來到該國酒折宮時倭建命唱道：

經過新治和筑波等地以來，不知已在外露宿幾個夜晚。

這時一個正在焚燒柴薪的老人接續倭建命的歌末，唱道：

日數來計的話，夜是九夜，日是十日。

倭建命非常讚揚這位老者，賞賜他爲東國造。

從甲斐國翻山越嶺進入信濃國，並平定科野的山神，回到尾張國，來到先前有婚姻約定的美夜受比賣家中。在獻上美食爲倭建命接風洗塵時，美夜受比賣捧著佳釀爲倭建命倒酒，她穿著的衣服下襬甚至還沾上經血。倭建命看見經血，遂唱道：

飛翔在香具山上的白鳥啊！叫聲尖銳且喧鬧，
我多想以你那猶如白鳥頸子般柔弱纖細的手腕為枕，擁你共寢。
可是你衣服的下襬卻出現月色。

於是美夜受比賣也和了一首歌：

日神御子，我的王子啊！
年既已過，月也是會流逝的。
苦苦等候都等不到您，所以我衣服的下襬才因此出現月色。

於是兩人決定結婚。新婚燕爾，倭建命留下隨身佩帶的草那藝劍留在美夜受比賣家，出發去討伐位在伊服岐能山的山神。

倭建命說道：「我要徒手打倒這位山神。」說完開始登山。途中在山腰遇上一隻白猪，體型奇大如牛。倭建命見到這隻白猪，說道：「這隻白猪必然是山神的使者化身而成，現在暫且留著你的性命，等我除掉山神歸來時再除掉你。」說完繼續朝山頂而去。於是，山神下了一陣劇烈的冰雹迷惑了倭建命的心神（實際上白猪並非山神的使者，而是山神本身，因爲倭建命發下的豪語導致心神被迷惑）。於是倭建命趕緊從山上下來，來到玉倉部的清泉稍做休息後，心神逐漸回穩，因此將這股清泉命名爲居寤清泉。

離開居寤清泉後來到當藝野附近時，倭建命喃喃自語：「我內心經常期許自己能飛翔在空中，但現在連腳也寸步難行，好像道路變得凹凸不平似的。」當地因而被命名爲當藝。再往前走一段路，倭建命非常疲累而腳步沉重，必須柱著拐杖緩慢前行，因此當地被稱爲杖衝坡。後來來到尾津前的一棵松樹下，發現以前在此地就食時忘記帶走的刀，仍好端端的留在原地，於是唱道：

從尾張筆直前行會看到尾津岬的一棵孤立松樹，
這棵孤立的松樹若是人，
我會為他穿上衣服、配上太刀。

倭建命繼續往前走，來到三重村，又喃喃自語道：「我的腳就像彎了三重的勾餅，非常疲累。」因此當地被稱爲三重。又繼續往前來到能煩野時，因爲思念故鄉大和而唱道：

大和國是日本國中最宜人之地，
宛如重重綠牆圍繞的群山，
被群山環顧的大和國是個美麗的國家！

接著唱道：

身體健壯的人，可以上平群山採摘櫟木的樹葉，插在髮梢上。

這兩首都是思念故鄉的歌謠。接著又唱道：

從我思念的家鄉那邊，飄來片片雲朵。

這是首片歌（和歌的一部分），此時倭建命已病情惡化，接著又唱道：

我放在少女床邊的太刀，啊！就是那柄太刀啊……

倭建命唱完後旋即逝去，立即派出快馬返回朝廷傳達此事。

在大和的后妃和孩子們很快就趕來，在當地爲倭建命建造陵寢，跪倒在陵寢四周的田地上，悲傷的哭泣，唱道：

我們就像是依附在陵寢周遭的稻田稻梗上的藤蔓。

倭建命的魂魄化身成一隻八尋大白鳥，飛翔在天空中，飛往大海而去。倭建命的后妃和孩子們在後苦苦追趕，儘管被砍斷後殘留的短竹割傷了腳也不覺得疼痛，邊哭邊唱道：

想要穿過低矮的竹叢，腰部被竹叢所阻難以前進。

想飛卻飛不上天，只能緩慢的一步一步前進。

繼續在後面追的后妃和孩子們，接近岸邊，最後身子泡在海水裡，在難以行走的情況下唱道：

想要在海中行走，腰部受阻於海水難以前進。
就像生長在河川的水草無法行進到海中。

倭建命化身成的白鳥又繼續展翅高飛，後來停在海岸附近的岩礁，后妃和孩子們此時又唱道：

海邊眾鳥不飛向易於行走的沙灘，卻飛往多岩礁的海岸。

以上四首歌都是描述有關倭建命的葬禮，到現在（指《古事記》成書的時代）天皇的葬禮也還在傳唱。倭建命魂魄化身的白鳥從伊勢國飛來，停留在河內國志幾（今大阪府羽曳野市），因此倭建命的后妃及皇子們於此地建造陵寢以供俸倭建命的靈魂，因此其陵寢稱爲白鳥御陵。然而，白鳥又振翅往更高的天空飛去，或許和倭建命平定各國而遠行時，久米直的祖先名爲七拳脛的廚師陪伴在他身旁不無關係吧。

倭建命娶伊玖米天皇（垂仁天皇）之女布多遲能伊理毘賣命，生下帶中津日子命。又娶爲倭建命落海的弟橘比賣命，生下若建王。又娶近淡海安國造之祖意富多牟和氣之女布多遲比賣，生下稻依別王。又娶吉備臣建日子之妹大吉備建比賣，生下建貝兒王。又娶山代之玖玖麻毛理比賣，生下足鏡別王。另一不知名的妻子生下息長田別王，總計倭建命共有六位孩子。

※ ※ ※

從《日本書紀》和《古事記》不難看出景行天皇對待日本武尊（倭建命）的態度有很大的差別，在《日本書紀》裡，景行天皇相當寵愛日本武尊，甚至有意傳位給他，聽聞他的死訊哀慟逾恆，到了食不知味、難以入眠的程度；可是在《古事記》裡，景行天皇對於

《日本書紀》與《古事記》名稱對照

《日本書紀》	《古事記》	念法（羅馬拼音）
稚足彥尊	若帶日子命	Wakatarashihikonomikoto
武內宿禰	建內宿禰	Takeshiuchinosukune
屋主忍男武雄心命		Yanushioshiotakeogokoronomikoto
菟道彥	宇豆比古	Ujihiko
影媛	山下影日賣	Kagehime
彥太忍信命	比古布都押之信命	Hikofutsuoshinomakotonomikoto
兩道入姬	布多遲能伊理毘賣命	Futajiirihimenomikoto
稻依別王	稻依別王	Inayoriwakenomiko
足仲彥天皇	帶中津日子命	Tarashinakatsuhikonosumeramikoto
布忍入姬命		Nunoshiirihimenomikoto
稚武王		Wakatakenomiko
吉備穴戶武媛	大吉備建比賣	Kibinoanatonotakehime
武卵王	建貝兒王	Takekaigonomiko
十城別王		Tookiwakenomiko
稚武彥王	若建王	Wakatakehikonomiko
五百城入彥皇子	五百木之入日子命	Iokinoirihikonomikoto
	櫛角別王	Kushitsunowakenimiko
神櫛皇子	神櫛王	Kamukushinomiko
	豐國別王	Toyokuniwakenomiko
	大根王	Oonenomiko
	兄比賣	Ehime
	弟比賣	Otohime
	押黑之兄日子王	Oshiguronoehikonomiko
	押黑弟日子王	Oshiguronootokonomiko
	御鉏友耳建日子	Misukitomomimitakehiko
	山代之玖玖麻毛理比賣	Yamashironokukumamorihime
蘆髮蒲見別王	足鏡別王	Ashikagamiwakenomiko
	息長田別王	Okinagatawakenomiko

倭建命的殘忍、暴戾感到惶恐，因此藉出征之名將他逐出朝廷，倭建命都感覺得到天皇是要置他於死地。

可是《古事記》和《日本書紀》的編纂時間只差八年，又都是奉天皇之命編纂以天皇爲中心的史書，照理而言兩書編纂者接觸的史料不會有太大的差異（甚至可以說是同一批的史料），會出現截然不同的日本武尊應該不是史料解讀上的差異。或許因爲閱讀對象的不同而造成筆法上的差異，也或許是編纂者的政治立場不同而導致人物性格的失眞。

另外，在《日本書紀》記載中日本武尊思念代他而死的弟橘媛是在登上碓冰峠，但是在《古事記》卻變成爲登足柄山。碓冰峠位於今長野縣和群馬縣交界，足柄山則位於神奈川縣和靜岡縣交界，不管是讀音、漢字和地理位置都不太可能將兩者搞錯，爲何會有如此明顯的錯誤？此又是一難解之處。

第六章

神功皇后

當時有人說道：「速除新羅王。」

然而皇后卻道：「剛受神的開示，接收金銀之國（新羅國）。又號令三軍：『不殺主動投降的人。』如今既得其國，人亦主動投降，如此還殺之似為不祥。」於是解開新羅王的繩索，將他納為飼部。然後進入新羅都城，封印收藏重寶的府庫，收取領地地圖和人民戶籍的文書。

皇后將攜帶的長矛豎立在新羅王的宮門前，留給後世做為印記，這支長矛迄今仍立於新羅王的宮門。

神功皇后征討熊襲

氣長足跡尊（即本章主人公神功皇后）是稚日本根子彥大日日天皇（漢風諡號爲開化天皇）曾孫氣長宿禰王之女，其母名爲葛城高顙姬。足仲彥天皇二年被立爲皇后，幼年時即展現出聰明睿智，又有世所罕見的美貌，其父對她另眼相看。

九年春二月，足仲彥天皇崩御於筑紫橿日宮（福岡縣福岡市東區香椎宮），皇后痛心天皇不聽從眾神的教誨而早逝，爲求眾神的諒解，皇后打算化悲痛爲力量向有「財寶之國」美稱的新羅進軍。此外命群臣百官進行禊祓以償罪改過，更於小山田邑（福岡縣古賀市）建造齋宮。

三月壬申朔，皇后選擇吉日，進入齋宮自任神主。同時命武內宿禰彈琴，召中臣烏賊津使主爲審神者（解讀神意的人），將貴重的千繒高繒（高級織物）置於琴的頭尾兩側。然後向神請示：「前些日子慫恿天皇征討熊襲的神諭是哪位神？我想知道該神的名字。」皇后等了七天七夜，中臣烏賊津使主才回覆道：「是居住在神風伊勢國百傳度逢縣的拆鈴五十鈴宮的神，名爲撞賢木嚴之御魂天嶼向津媛命。」皇后又問：「除此之外還有其他神嗎？」審神者說道：「幡荻穗出現『吾』，可見有神居住在尾田吾田節的淡郡。」皇后再問：「還有其他神嗎？」答道：「還有名爲天事代於虛事代玉籤入彥嚴之事代主神。」皇后不死心，繼續追問：「還有其他神嗎？」審神者說道：「還有沒有其他神，我就不知道了。」

審神者接著說道：「現在未說也許稍後會接著說。」果然片刻之後說道：「還有住在日向國橘小門水底海草的神，名爲表筒男、中筒男、底筒男的神。」皇后繼續問道：「還

神祇與神社

香椎宮，位於福岡縣福岡市東區香椎，屬於官幣大社，敕祭社（天皇派遣敕使前往祭拜的神社，社格幾乎都是官幣大社），現為神社本廳的別表神社。主祭神為仲哀天皇和神功皇后，副神為應神天皇與住吉大神。原名「香椎廟」，後來有「香椎廟宮」、「哥襲宮」、「樫日廟」、「香襲宮」、「橿日廟」等名稱，戰後改稱為香椎宮。

香椎宮位於福岡市區，交通便利，可搭鐵道九州旅客鐵道（JR九州）香椎線於香椎神宮驛下車，或是西日本鐵道（西鐵）貝塚線於香椎宮前驛下車即可抵達。

有其他神嗎？」審神者說道：「還有沒有其他神，我就不知道了。」之後，不再提及其他神的名字。得到神示後，皇后立即祭拜上述眾神，然後派遣吉備臣始祖鴨別，命他出擊熊襲國，很快就令熊襲自動臣服。另外，在荷持田村有位名爲羽白熊鷲的人，此人體魄強健，身上有翼，能在高空飛翔。因此，不從皇命，經常打劫往來的民眾。

戊子（十七）日皇后爲方便發兵進擊熊鷲，從橿日宮南遷至松峽宮（福岡縣朝倉郡筑前町）。斯時，飄風驟起，皇后的御笠被飄風吹落，當時人便將御笠被吹落之處稱爲「御笠」（筑前國御笠郡）。辛卯（二十）日抵達層增岐野，立刻發兵消滅羽白熊鷲，對側近說道：「討平熊鷲，吾終能安心。」於是該地被命名爲「安」（筑前國夜須郡）。丙申（廿五）日轉進至山門縣（筑後國山門郡），除掉當地土蜘蛛田油津媛，當時田油津媛的兄長夏羽率軍迎擊，一聽到妹妹被殺，便潰不成軍四散逃去。

神功皇后與武內大臣／歌川國貞繪

夏四月壬寅朔甲辰（三

日），皇后北進至火前國松浦縣（肥前國松浦郡），於玉島里小河邊就食。皇后以勾針做爲吊鉤，取飯粒做爲餌，取衣服上的絲縷爲釣魚線，爬上河中的石頭上放下釣線垂釣，祈求：「朕想西征財國（新羅國），若此事可成，則必有河魚上鉤。」說完便舉起釣竿，果然有隻細鱗魚上鉤，於是皇后喜道：「眞是稀奇！」當時人便將該地稱爲梅豆邏國，如今訛傳成松浦國。至今該地女人，每到四月上旬將釣鉤投於河中捕年魚（嚁魚），至今仍未改變，然而由男性來做就捕不到魚。

從上述一事，皇后已知神諭的靈驗，遂進而祭祀天神地祇，打算親自率軍西征。於是定出神田（爲了獻給神而耕作的田地）的範圍耕種，計畫引儺河的河水灌溉，因此必須開鑿溝渠。開鑿到瀨鷩岡（福岡縣筑紫郡那珂川町）時，一顆大岩石擋在前面，開鑿工作無法繼續下去。皇后於是召來武內宿禰，捧持劍和鏡向天神地祇祈求，祈求能繼續開鑿溝渠。就在皇后祈求時，倏地雷電交加，轟轟雷聲劈裂大岩石，水流因而暢通，因此當時人將此溝渠命名爲裂田溝。

之後，皇后返回橿日浦，解開頭髮臨海說道：「我深受天神地祇的教誨，仰仗皇祖之靈，渡滄海，欲率軍西征。今日在此以海水洗滌吾髮，若果應驗，吾髮一分爲二。」說完皇后走進大海洗髮，皇后的秀髮就如她說的一分爲二，於是皇后將秀髮分開之處結成髮髻，然後對群臣說道：「興師動眾，是國之大事，國之安危成敗，就在於此。如今要對外征討，將政事託付群臣，事情若出差錯則群臣有罪，未免過於傷人。吾爲婦女之身，加以德行有缺，只能暫且以男貌之姿，進圖雄略。上蒙神祇之靈，下藉群臣之助，興兵甲乘浪而渡，整舟師以求財土（新羅國）。若事能成則群臣之功，事若不成獨吾有罪。吾意已決，群臣意下如何？」群臣皆道：「皇后爲天下、宗廟社稷之安泰奉獻己身，不計榮辱，且罪不責於群臣，頓首奉詔。」

《日本書紀》與《古事記》名稱對照

《日本書紀》	《古事記》	念法（羅馬拼音）
氣長足跡尊	息長帶比賣命	Okinagatarashihimenomikoto
稚日本根子彥大日日天皇	若倭根子日子大毘毘命	Wakayamatonekohikooohihinosumeramikoto
氣長宿禰王	息長宿彌王	Okinaganosukunenomiko
葛城高顙姬	葛城之高額比賣	Kazurakinotakanukahime
中臣烏賊津使主		Nakatominoikatsunoomi
撞賢木嚴之御魂天疎向津媛命		Tsukisakakiitsunomitamaamasakarumukatsuhime
天事代於虛事代玉籤入彥嚴之事代主神		Amenikotoshirosoranikotoshirotamakushiiribikoitsunokotoshironokami
鴨別		Kamonowake
田油津媛		Taburatsuhime
夏羽		Natsuha

征討新羅

秋九月庚午朔己卯（十日），下令諸國聚集船舶，訓練兵甲，爲戰爭做準備。當時召集兵卒有實際上的困難，皇后道：「不要質疑眾神的意念。」說完昂首立於大三輪社（大神神社），奉上刀和矛，兵卒便自然而然的聚集起來。皇后派遣一爲名爲吾瓮海人烏摩呂前往西海，視察當地是否有無其他國家。烏摩呂視察一段時間後返回說道：「看不到其他國家。」皇后於是又派出一位名爲磯鹿海人名草前往視察，經過數日返回稟報：「西北方有山，雲層橫亙，可能有國家的存在。」於是皇后在吉日進行占卜，擇定發兵的日期。出兵當日，皇后親執斧鉞，向全軍下令：「敲擊金鼓音亂不合節拍、旌旗錯亂放置，士卒必然不整。貪財多欲，臨敵只存私心，必成敵軍俘虜。勿因敵寡而輕敵，勿因敵眾而怯敵。不可暴力侵犯，不殺降敵，戰勝者有賞，逃亡者有罪。」

接著有神的開示：「和魂在王身守護其命，荒魂爲先鋒引導王師。」得到神諭，皇后信心大增，向神頂禮膜拜，然後命依網吾彥男垂見爲祭祀的神主。當時皇后已大腹便便，皇后撿拾一顆石頭插在腰際，向神祈求：「出征朝鮮一事結束後，歸來之日在此地生產。」那顆石頭在現今的伊都縣道邊，繼而招來荒魂，做爲全軍的先鋒，敦請和魂，以鎮護王船。

冬十月己亥朔辛丑（三日），軍隊從和珥津（長崎縣對馬島北部）出發。出發時，風神起風，波神揚波，海中大魚悉數浮出海面，扶船助行。加上吹起順向大風，船隻隨波而行，無須划槳便已到達新羅。在船隻隨著潮浪遠及至新羅國境時，看在新羅人民的眼中都認爲是受到天神地祇的庇佑護持。新羅國王聽聞時嚇得膽戰心驚、魂飛魄散，不知如何是好，只得召集眾人說道：「新羅自建國以來，從未聽聞海水浸滿國中之事，莫非天運已盡，國將爲海淹沒嗎？」新羅王話未說完，日本船師已充斥整片海上，旌旗蔽日，鼓笛齊鳴，震動山河。新羅王遙望海上，認爲這突如其來的天降神兵，是要來滅亡自己的國家，一時間昏迷過去。悠悠醒來後，說道：「我聽說在我國東方有個諸神居住的國家，名爲日本。該國出聖王，是爲天皇。舉目所見必爲該國之神兵，豈可發兵與之抗衡？」說完舉起白旗降伏，並穿上素服，將雙手縛在身後，帶著領地地圖和人民戶籍，走到王船前投降。並跪地叩頭道：「從今以後天長地久，將永爲爲您餵馬的飼部。船柂不乾則於春秋時節獻上馬梳和馬鞭，毋須跨海遠來每年將獻上男女補充勞力。」

新羅王再一次立下誓言：「從東而昇的太陽無法西出，除非阿利那禮河逆流，河裡的石頭飛到天上變成星辰。否則一旦怠慢荒廢馬梳和馬鞭的進貢，聯合天神地祇一同聲討。」當時有人說道：「速除新羅王。」然而皇后卻道：「剛受神的開示，接收金銀之國（新羅國）。又號令三軍：『不殺主動投降的人。』如今既得其國，人亦主動投降，如此還殺之似爲不祥。」於是解開新羅王的繩索，將他納爲飼部。然後進入新羅都城，封印收藏重寶的府庫，收取領地地圖和人民戶籍的文書。皇后將攜帶的長矛豎立在新羅王的宮門前，留給後世做爲印記，這支長矛迄今仍立於新羅王的宮門。

新羅王波沙寐錦獻上微叱己知波珍干岐爲人質，並獻上金、銀、彩色及綾、羅、縑絹，共載滿八十艘船，新羅王命他們跟隨官軍。新羅王遂經常以八十艘船的貢品向日本進貢，其緣由在於此。高麗、百濟二國國王聽聞新羅奉上領地地圖和人民戶籍向日本國投降，私下觀察日本軍隊，得知無法戰勝後，親自來到營帳之外，跪在地上叩頭道：「從今以後，以西蕃稱之，朝貢不絕。」於是，確定了內官家屯倉，此即所謂的「三韓」。皇后於是從新羅返回。

十二月戊戌朔辛亥（十四日），皇后在筑紫生下譽田天皇（第十五代應神天皇），當時人將皇后的生產地稱爲宇瀰（福岡縣糟屋郡宇美町宇美神社）。

隨軍出征的神——表筒男命、中筒男命、底筒男命三神——向皇后開示：「於穴門山田邑祭祀我的荒魂。」這時，穴門直之祖踐立和津守連之祖田裳見宿禰向皇后上奏：「神欲居住之地，務必奉行。」皇后於是以踐立爲祭祀荒魂的神主，在穴門山田邑（山口縣下關市住吉神社）興建祭祠。

《日本書紀》與《古事記》名稱對照

《日本書紀》	《古事記》	念法（羅馬拼音）
吾瓮海人烏摩呂		Ahenoamaomaro
磯鹿海人名草		Shikanoamanonakusa
依網吾彥男垂見		
波沙寐錦		
微叱己知波珍干岐		
踐立		Anatonohontach

麛坂王、忍熊王的謀略

結束征討新羅後的翌年春二月，皇后率領群卿百寮遷移至穴門豐浦宮（山口縣下關市忌宮神社，是仲哀天皇征討熊襲時興建的行宮），於是帶著已故天皇的遺骸，循海路準備返京。此時，在京的麛秭王、忍熊王兩位皇子陸續聽聞天皇在征討熊襲途中崩御、皇后西征以及皇子誕生的消息，於是私下密謀道：「如今皇后生下皇子，群臣皆臣服於她。將來皇后必定與群臣協議共立幼主，吾等身為兄長豈能遵從幼弟之命？」於是二人佯裝為已故天皇興建陵寢前往播磨，於赤石（明石）建造山陵，並編整船隊前往淡路島，從島上運來巨石做為山陵的建材。不過，船上士兵每人皆手持武器，等待從西方歸來的皇后。因此，犬上君之祖倉見別和吉師之祖五十狹茅宿禰兩人都隸屬於麛秭王，被任命為將軍而起東國之兵。

此時，麛秭王和忍熊王一同在菟餓野（大阪府大阪市北區兔我野町）祈求狩獵豐碩：「若能成事，此行必能獵獲良獸。」二王各自坐在棧敷（為眺望而搭建的高台）上，此時突然竄出一隻紅色山猪，只見紅色山猪衝向麛秵王所在的棧敷，咬死麛秵王。目睹這一情景的將士無不爲之顫慄，忍熊王對倉見別道：「竟然發生這一大怪事，看來不適合在此地等待敵人到來。」於是率軍撤退，屯駐在住吉一帶（大阪府大阪市住吉區）。當皇后聽聞忍熊王起兵等待她的自投羅網時，命武內宿禰抱著皇子出南海，停泊於紀伊水門。皇后搭乘的船隻，直指難波。可是，皇后的船隻在海上迂迴，不能前進，只得暫時返回務古水門（兵庫縣尼崎市武庫川河口）進行占卜。天照大神對皇后進行開示：「吾之荒魂，不可接近皇居，宜居於廣田國（兵庫縣西宮市大社町）。」並以山背根子之女葉山媛主持祭祀。稚日女尊亦開示：「吾欲居住於活田長峽國（兵庫縣神戶市中央區）。」以海上五十狹茅（與前文提及的五十狹茅宿禰不同人）主持祭祀。此外，事代主尊亦前來開示：「吾欲居住於長田國（兵庫縣神戶市長田區長田町）。」以葉山媛之妹長媛主持祭祀。甚至連表筒男命、中筒男命、底筒男命三神也前來開示：「吾等和魂適合居住在大津渟中倉之長峽（大阪府大阪市住吉區），以便守護往來之船隻。」於是，皇后聽從諸神的開示而祭祀，得以鎮護海上的波濤，終於平安的渡海。

忍熊王將軍隊撤退至菟道（京都府宇治市）附近整軍駐屯，軍隊逐漸恢復到原先的士氣。皇后深入到南方的紀伊國，來到日高（和歌山縣御坊市與日高郡一帶）與襁褓中的太子重聚。與群臣商議，爲進攻忍熊王做準備，爲此遷徙至小竹宮（和歌山縣紀之川市）。

神祇與神社

住吉神社，是以住吉三神（表筒男命、中筒男命、底筒男命三神之合稱）為主祭神的神社（住吉大社和下關住吉神社的主祭神還有神功皇后），全日本約有二千三百餘所住吉神社，以位在大阪府大阪市住吉區的住吉大社、山口縣下關市的住吉神社以及福岡縣福岡市博多區的住吉神社最為有名，並稱「三大住吉」。如正文所述，「三大住吉」均與神功皇后一生的事業有關，此外，「三大住吉」分別為攝津國、長門國、筑前國一宮，均為名神大社，現為神社本廳的別表神社。福岡住吉神社舊社格為官幣小社，下關住吉神社為官幣中社，住吉大社屬官幣大社，還是二十二社的中七社之一。

住吉大社可搭乘阪　電車阪　線於住吉鳥居前驛下車，或是搭乘南海電車南海本線於住吉大社驛或高野線於住吉東驛下車。下關住吉神社可搭乘JR西日本山陽新幹線或JR西日本山陽本線於新下關驛下車。至於福岡住吉神社可搭乘JR西日本、JR九州或福岡市地鐵於博多驛下車。

就在此時，白晝卻猶如黑夜，且已持續多日，當時的人說道：「行走於長夜中。」皇后向紀直之祖豐耳問道：「何以有此等怪事？」豐耳未能回覆，一名當地耆宿說道：「據說，這種怪異現象是所謂的阿豆那比之罪。」皇后問道：「什麼意思？」耆宿答道：「似乎是兩座神社的神官想合葬在一起。」皇后聽了，更感好奇，於是派人到鄉里打聽，有一人說道：「小竹祝和天野祝是交情非常要好的朋友，一日，小竹祝患病死去，天野祝慟哭不已。說道：『吾與汝生爲良友，死後豈能不同穴乎？』於是趴在小竹祝屍體旁自殺，這大概就是他們所謂的合葬吧？」皇后聽聞後，派人挖開他們的墓穴一看，發現與聽來的相符，命人製作新的棺槨，另擇場所厚葬。之後白天重現光輝，晝夜重新有了區隔。

三月丙申朔庚子（五日），皇后命武內宿禰與和珥臣之祖武振熊率數萬大軍討伐忍熊王。於是武內宿禰等人從中挑選精銳，進軍山背（令制國的山城），直抵菟道，於河川北面駐軍。忍熊王獲報後，想要出征迎戰，不過。有個擔任忍熊王軍先鋒的熊之凝，爲了鼓舞己軍的士氣，引吭高歌：

行進在遠方的松林，櫟樹做的弓搭上有箭鏃的箭，管他是貴人還是親友，都是我軍要與之作戰的敵人。
武內朝臣的肚子裡該有阻塞的石子，是我軍要與之作戰的敵人。

武內宿禰下令全軍將頭髮結成鼓鼓的槌狀，並號令：「每人將弓弦藏在髮中，佩木刀於身。」完成準備後武內宿禰宣傳皇后的命令，用意在麻痺忍熊王：「吾並無貪圖天下之心，只圖保全幼君使之服侍於您，哪有作戰之念頭？惟願雙方拋下兵器，和睦相處。之後君王登基繼位，鞏固皇權，以專萬機。」說完下令全軍扯斷弓弦、解下佩刀，投入河中。忍熊王爲武內宿禰之言所騙，再加上看見武內的軍隊舉動，他內心再也沒有懷疑，於是也下令全軍扯斷弓弦、解下佩刀，投入河中。武內宿禰見狀馬上下令全軍取出藏在頭髮內的弓弦，綁在弓上，並取出眞刀，準備渡河攻擊忍熊王。忍熊王得知受騙，對部屬倉見別和五十狹茅宿禰說道：「吾爲武內宿禰所欺，已無兵器，如何能戰？」於是引兵撤退。

武內宿禰則精銳盡出，渡河追擊。到近江國逢秕兩軍相遇，武內軍痛擊忍熊王，因此將該地命名爲逢秕。敗退四散的忍熊王軍在狹狹浪的栗林多數被武內宿禰軍斬殺，血流成河，澆灌當地的栗林，該地生產的栗果至今仍無法做爲貢品進貢至御所。忍熊王眼見已無處遁逃，於是叫來五十狹茅宿禰，唱道：

啊啊！吾君五十狹茅宿禰，
你受到武內宿禰軍隊的重擊而受傷，
就像鸊鷉潛入水中一樣。

忍熊王唱完後，與五十狹茅宿禰一起沉入瀨田川而死。武內宿禰唱道：

淡海之海，瀨田之橋，看不到潛入水中的鸊鷉，內心感到不安。

武內宿禰遍尋不著二人的屍身，數日後，兩人屍體浮出菟道河（宇治川）。武內宿禰鬆了一口氣，唱道：

淡海之海，瀨田之橋，看不到潛入水中的鸊鷉，經過田上（近江國栗太郡田上村），終於在菟道捉住。

冬十月癸亥朔甲子（二日），群臣尊皇后爲皇太后，該年歲次爲辛巳，是爲攝政元年。

攝政二年冬十一月丁亥朔甲午（八日），葬天皇於河內國長野陵。

《日本書紀》與《古事記》名稱對照

《日本書紀》	《古事記》	念法（羅馬拼音）
麛坂王	香坂王	Kagosakanomiko
忍熊王		Oshikumanomiko
倉見別		Kuramiwake
五十狹茅宿禰	伊佐比宿禰	Isachinosukune
山背根子		Yamashirononeko
葉山媛		Hayamahime
稚日女尊		Wakahirumenomikoto
海上五十狹茅		Unakaminoisachi
長媛		Nagahime
豐耳		Toyomimi
武振熊	難波根子建振熊命	Takefurukuma
熊之凝		Kumanokori

立譽田別皇子為太子

攝政三年春正月丙戌朔丙子（三日），立譽田別皇子爲皇太子，以磐余爲都城。

攝政五年春三月癸卯朔己酉（七日），新羅王派遣汙禮斯伐、毛麻利叱智、富羅母智等人，前來日本朝貢。三人除正常朝貢外，尚肩負帶回先前在日本擔任人質的微叱許智伐旱（前文的微叱己知波珍干岐）的使命。因此，許智伐旱欺騙皇太后：「使者汙禮斯伐、毛麻利叱智等人告訴臣：『吾王因久候臣，而臣未能歸還，因此沒臣妻爲孥。』請皇太后允許臣暫時返回本土打探消息。」皇太后允其所請，並派葛城襲津彥爲隨從，與許智伐旱一同回到新羅。

許智伐旱和葛城襲津彥乘船來到對馬，投宿於鉏海水門。當時新羅使者毛麻利叱智等人，秘密安排船隻和水手，搭載微叱旱岐（微叱許智伐旱），連夜逃回新羅。另外製作許智伐旱的假人，置於其寢床，佯裝成重病患者，通報葛城襲津彥：「微叱許智突患重病，命不久長。」襲津彥有所懷疑，派人查看微叱許智的病況，得知受騙於新羅使者後，一怒之下逮捕三位使者，關進牢籠縱火焚燒，將其活活燒死。到達新羅後，投宿於蹈　津（慶尚南道釜山南方的多大浦），然後出其不意攻下附近的草羅城（慶尚南道梁山）後離去。當時帶回的俘虜，是現今桑原、佐糜、高宮、忍海四邑漢人的祖先。

攝政十三年春二月丁巳朔甲子（八日），皇太后命武內宿禰跟隨太子，前往角鹿（福井縣敦賀市）參拜笥飯大神（福井縣敦賀市的氣比神宮）。癸酉（十七日），太子從角鹿返回，當日皇太后於大殿宴請太子，皇太后舉杯爲太子洗塵，並高歌道：

神祇與神社

氣比神宮，位於福井縣敦賀市，越前國一宮，名神大社、官幣大社，現為神社本廳的別表神社。主祭神為伊奢沙別命（又稱為「氣比大神」或「御食津大神」）、仲哀天皇及神功皇后，有「北陸道總鎮守」之稱，至九世紀末神階為正一位勳一等。可搭乘JR西日本北陸本線或小濱線於敦賀驛下車。

這杯神酒，不光是我的酒。
掌管神酒、居住常世國的少御神，
吟誦為天皇祝壽的賀詞，同時也載歌載舞，並獻上珍藏的佳釀。
啊！請一滴不剩的品嘗它。

武內宿禰代替太子和一首歌給皇太后：

釀造這神酒的人，想必在釀酒時把鼓當成臼豎立起來邊唱邊釀的吧！
這樣釀成的酒不用說，一定美味好喝。

攝政三十九年，該年歲次爲己未。【《魏志》（《三國志、魏志倭人傳》之略稱）云：「明帝景初三年六月，倭女王遣大夫難斗米等詣郡，求詣天子朝獻。太守鄧夏遣吏將送詣京都。」】

攝政四十年【《魏志》云：「正始元年，遣建忠校尉梯鍳等，奉詔書印綬，詣倭國也。」】

攝政四十三年。【《魏志》云：「正始四年，倭王復遣使大夫伊聲者掖耶約等八人上獻。」】

作者按：【】內的引文均由原書的編纂者引自《三國志、魏志倭人傳》。在《日本書紀》編纂時，日本至少已歷經七次遣唐使，留學生和學問僧已從大唐帶回大量書籍，主編舍人親王為天武天皇第六皇子，有漢籍的閱讀能力並不令人意外。然而因為某些不明原因使得引文出現若干錯字，如「景初三年」應為「景初二年」；「大夫難斗米」應為「大夫難升米」；「太守鄧夏」應為「太守劉夏」；「建忠校尉梯　」應為「建中校尉梯儁」；「倭王復遣使大夫伊聲者掖耶約」應為「倭王復遣使大夫伊聲者掖耶狗」。

與卓淳國往來

攝政四十六年春三月乙亥朔（一日），派遣斯摩宿禰前往卓淳國（慶尚北道大邱一帶）。卓淳王末錦旱岐向斯摩宿彌道：「甲子年（攝政四十四年）七月中旬，百濟人久氐、彌州流、莫古三人前來我邦，道：『百濟王聞東方有日本貴國，因此遣吾等前去朝貢日本。爲尋找前往日本之路來到貴土。若能指點吾等前往日本之路，則吾王必深感君王之恩德。』當時，吾對久氐等人道：『吾聽聞東方貴國之事已久矣，然未有邦交，亦不知前往之路。唯海路途遠浪險，乘大船方可成行。不然光有津渡，亦無法啓航。』於是久氐等人道：『看來當下無法前往，待吾等返回備妥船舶後再行通交。』略作停頓後再道：『期間若日本貴國使者前來，務必通知敝國！』語畢，三人返國。」

斯摩宿禰聽完派遣隨從爾波移和卓淳人過古二人，前往百濟國慰勞該國國王。當時的百濟王肖古王深爲雀躍而厚待二人，贈送爾波移五色綵絹各一匹、角弓箭及鐵鋌合計四十枚。並打開寶庫，向爾波移展示各式各樣奇珍異寶，說道：「吾國有甚多珍寶，欲朝貢貴國，只是不知如何前往，有志難伸。如今，託付貴國派來之使者，帶回代爲向貴國天皇獻上。」於是爾波移離開百濟返回卓淳向志摩宿禰（斯摩宿禰）稟報，之後兩人一起離開卓淳，回到日本。

《日本書紀》與《古事記》名稱對照

《日本書紀》	《古事記》	念法（羅馬拼音）
汙禮斯伐		
毛麻利叱智		
富羅母智		
葛城襲津彥	葛城長江曾都毘古	Kazurakinosotsuhiko
斯摩宿禰		Shimanosukune
久氐		
彌州流		
莫古		
爾波移		Nihaya
卓淳人過古		
肖古王		

百濟、新羅朝貢

攝政四十七年夏四月，百濟王派遣久氏、彌州流、莫古三人爲使者，前來朝貢日本。當時，新羅國負責運送貢品的使節，和久氏等人一同來到日本。因此，皇太后和太子譽田別尊無不大喜過望。皇太后道：「先帝望眼欲穿期盼前來朝貢的使節，如今總算到來，令人遺憾的是，先帝未能在世時見到這一幕，眞是讓我感到哀慟。」群臣聽到這席話，無不悲從中來，眼中泛出淚水。之後檢視兩國的貢物，發現新羅的貢物不僅數量多，且是奇珍異寶；反觀百濟數量貧少，且多半是不值錢的劣品。於是皇太后問久氏等人道：「百濟的貢物看來不如新羅，這是爲什麼？」

神功皇后／月岡芳年繪

久氐等人答道：「臣等三人因迷路而誤入沙比新羅，爲新羅人逮捕下獄，歷時三月即將問斬。當時吾等三人對天詛咒新羅，新羅人怕被詛咒而不敢殺害我們。相對地，奪取我百濟貢物爲己國之物，以新羅之賤物相易爲我百濟之貢物。新羅人更出言恐嚇臣等：『有膽敢說出者，離開日本之日當即殺害汝等。』是以臣等三人只得忍氣吞聲從之，如此方得以抵達天朝。」

皇太后及譽田別尊聽後，譴責新羅使者。然後向天神祈求：「該遣何人前往百濟，調查整起事件的經過？該遣何人前往新羅，向國王問罪？」天神開示：「武內宿禰決策，千熊長彥爲使者，定能如願。」於是，決定以千熊長彥爲使者，派遣到新羅責問爲何奪取百濟的貢物作爲己國貢物。

再征新羅

攝政四十九年春三月，以荒田別、鹿我別爲將軍，與久氐等人一同率兵渡海，抵達卓淳國，密謀襲擊新羅。此時有人說道：「兵力過少，難以擊敗新羅。請向沙白、蓋盧兩地請求增援兵力。」於是命令木羅斤資（百濟將領）、沙沙奴跪（不詳）二將率領精兵與沙白、蓋盧兩地增援的兵力，聚集於卓淳國，出兵大破新羅，同時平定比自㶱、南加羅、喙國、安羅、多羅、卓淳、加羅七國。之後，調轉兵力往西至古奚津，屠戮南蠻忱彌多禮，將該地賜給百濟。

百濟王肖古和王子貴須亦率軍前來支援，在軍勢的優勢下，比利、辟中、布彌支、半古四邑望風而降。是以，百濟王父子及荒田別、木羅斤資等各路將領於意流村會師，各方歡喜會見，互贈厚禮。惟，千熊長彥與百濟王兩人來到百濟國登上辟支山，締結盟約。此外又登古沙山，坐於岩石上，百濟王立下誓言：「鋪草蓆坐於其上，恐有火燒之虞；伐木而坐於其上，恐有水流之虞。故，坐於岩石之上而立盟以示長遠不朽之意。自今以後，千秋萬載，無窮無盡，永稱西蕃，春秋朝貢不絕。」然後引領千熊長彥至都城內，禮遇甚厚，並命久氐等人護送。

攝政五十年春二月，荒田別等人返回日本。夏五月，千熊長彥、久氐等人亦從百濟歸來。皇太后歡喜的向久氐問道：「海西諸韓，盡賜汝國，何以仍頻復來朝？」久氐等奏道：「天朝鴻澤，遠及敝邦，吾王歡喜雀躍之情，難藏於心。屢派使者，以現誠心，盟誓雖及萬世，年年皆欲來朝。」皇太后喜道：「善哉汝言，朕亦如是想。」於是增賜多沙城，做爲來往時休息之處所。

攝政五十一年春三月，百濟王再派久氐前來朝貢。皇太后對太子及武內宿禰道：「朕所交親之百濟國，乃上天所賜，非人力之故。有日本未有之奇珍藝品，歲時不闕常來朝貢，朕心甚喜。朕有生之日，必厚禮迎接。」

該年，並以千熊長彥爲主、久氐爲副，出使百濟國。使節向百濟王傳皇太后的話語：「朕遵從神之開示，始修道路，平定海西，以賜百濟。如今重修舊好，親交益深，永寵賞之。」百濟王父子聽聞，感動不已，雙雙叩首，額頭觸地，說道：「貴國鴻恩，重於天地，無日無時，不敢或忘。聖王在上，皓明如月，今臣在下，固如山岳，永爲西蕃，終無貳心。」

攝政五十二年秋九月丁卯朔丙子（十日），久氏等人隨千熊長彥朝貢，獻上一口七支刀、一面七子鏡，及其他種種珍寶。久氏等人並奏：「吾國以西有河，源頭自谷那鐵山，該地遙遠，行走七日無法到達。引用其水，取該山之鐵，永戴聖朝。」百濟王並對其孫枕流王道：「現今與吾國通交的海東貴國，是天神對吾國的啓示。承蒙上天恩澤割海西之地賜予吾國，因而國本永固。汝當與之永修和好，盡力收集地上良物，朝貢不絕，雖死無恨。」此後每年持續朝貢日本。

攝政五十五年，百濟肖古王薨。

攝政五十六年，立百濟王子貴須爲王。

攝政六十二年，新羅不來朝貢，皇太后立即派葛城襲津彥出兵新羅。【《百濟記》云：壬午年（攝政六十二年），新羅不來朝貢日本，日本派遣沙至比跪（與前文的沙沙奴跪不同人）前往征討。新羅挑選盛裝的美女二人，到港口迎接沙至比跪。沙至比跪接受新羅贈送的兩位美女，不攻擊新羅，反而前往討伐與日本友善的加羅國。加羅國不敵，國王己本旱岐帶著王子百久至、阿首至、國沙利、伊羅麻酒、爾汶至等人及其人民，逃到百濟國，百濟隆重對待他們。加羅國王之妹既殿至修書大倭（日本）：「天皇派遣沙至比跪征討新羅，然沙至比跪反納新羅美女，捨棄出兵新羅，反倒掉兵消滅吾國。令吾國兄弟人民流離失所，憂慮難耐，故修書向天皇稟報。」天皇看完書信後大怒，立即派出木羅斤資，率領兵眾聚集加羅，恢復其國。

另有一說，沙至比跪得知天皇發怒，不敢公然返回，只得偷偷回到日本，到處躲藏維生。沙至比跪的妹妹受到天皇寵幸住在皇宮裡，沙至比跪私下託人進宮問其妹天皇怒氣是否已消。於是其妹佯裝夢境託言：『昨晚做夢夢見沙至比跪。』天皇大怒：『沙至比跪還有臉回來？』其妹將天皇的話據實以報，沙至比跪知道天皇不會原諒自己，於是進入石穴自我了結。】

攝政六十四年，百濟國貴須王薨，立王子枕流王為王。

攝政六十五年，百濟枕流王薨，王子阿花年幼，為其叔父辰斯奪位，自立為王。

攝政六十六年。【該年為晉武帝泰初二年。晉起居注云：「武帝泰初二年十月，倭女王遣重譯貢獻。」】（作者按：晉武帝並無泰初年號，應為泰始才對，泰初二年應為泰始二年，相當於神功皇后攝政六十六年，即公元二六六年。此時三國中的蜀漢已被滅亡，曹魏也遭晉王司馬炎篡位，只剩晉和孫吳南北對立。依《晉書卷九十七、四夷傳》記載，此段文字應為「泰始初，遣使重譯入貢。」）

攝政六十九年夏四月辛酉朔丁丑（十七日）皇太后崩於稚櫻宮，時年百歲。冬十月戊午朔壬申（十五日），葬於狹城盾列陵（奈良縣奈良市）。是日追尊皇太后爲氣長足姬尊，該年歲次爲己丑。

《古事記》並沒有神功皇后單獨的篇章，而是和仲哀天皇並列一傳。從編排方式可看出《古事記》關於神功皇后的記載僅及於攝政之前，因此在內容上比《日本書紀》少了許多，再扣除掉與《日本書紀》記載重複的部分，可提之處相當有限，以下介紹之。

（前略）……建內宿禰再去請求神的開示，然而神的開示內容與先前一樣：「這個國家應由皇后腹中的胎兒統治。」建內宿禰畢恭畢敬道：「眞讓我吃了一驚，大神啊！皇后身懷的胎兒，是男是女？」神又繼續開示：「是男的。」建內宿禰進一步請教：「敢問方才開示的大神之御名？」神立即回覆：「此乃天照大神的心意，也是底筒男、中筒男、上筒男三神的心意（此時也浮現出三柱大神的御名）。如今若眞想取得此國（朝鮮半島），就要向天神地祇及山神、河海諸神奉納幣帛，再將我的魂魄置於船上，將燒完的眞木灰放進葫蘆瓢，再製作筷子和平底盤，將其全部撒在大海上，就能渡海。」

於是皇后完全依照神明的開示整備軍隊、併排雙船，準備渡海。這時海面上的魚，不分大小都來幫忙背負皇后的御船渡海。此時吹起順風，御船隨波逐浪，快速前進，御船就在順風和波浪的推進下衝到新羅國。大軍攻佔近半個新羅國時，新羅王心懷畏懼道：「從今以後一切服從天皇之命，我願意成爲天皇的飼部，爲天皇飼養馬匹。每年並列船隻，不讓船腹空蕩，不使船舵空閒，與天地長久，不懈怠的永遠獻上貢物。」之後，新羅國固定爲日本飼馬，百濟國則成爲日本渡海到朝鮮的屯倉。皇后將她的權杖矗立在新羅國王的宮門，而以墨江大神（前述的住吉三神）的荒魂做爲鎭護國家的守護神，祭祀之後方渡海歸國。

皇后在征討新羅尚未結束前，懷孕的皇后即將臨盆。爲了安胎，皇后拿塊石頭放在腰間的御裳抑制胎兒生產，戰事結束後回到九州筑紫才生下皇子。因此生下皇子的地方被命名爲宇美，放在腰間的御裳內抑制胎兒生產的石頭則在筑紫國伊斗村（福岡縣糸島市鎭懷石八幡宮）。（下略）……

於是息長帶日賣命（神功皇后）返回倭（大和）時，懷疑有人企圖謀反，於是準備一艘載著棺木的喪船，讓皇子乘坐其上，並命人故意走漏風聲：「皇子已經去世。」如此一來，皇后抵達倭時，香秭王、忍熊王就會聽聞這個消息，進而想殺害皇后取而代之。兩人於是前往斗賀野，為占卜出現吉兆而進行狩獵。香秭王坐到棧敷上看見一隻發狂的大山　，大山　撞倒香秭王所坐的棧敷，將他咬死。香秭王之弟忍熊王不畏兄長死去的凶兆，統合軍隊等待皇后船隻的歸來。終於看見喪船進港，忍熊王揮軍進攻這艘除棺木外空無一物的空船，孰料，皇后從船上走下來，跟在皇后身後的是一支軍隊，與忍熊王交戰。此時忍熊王以難波吉師部之祖伊佐比宿禰爲將軍，太子這方則以丸邇臣之祖難波根子建振熊命爲將軍。當太子這邊追擊到山代（山背國）時，忍熊王這邊也恢復鬥志，兩軍呈現膠著狀態。建振熊命爲儘快結束戰爭，於是向忍熊王軍放話：「息長帶日賣命已經崩逝，沒有必要再戰。」於是在忍熊王軍面前割斷弓弦，佯裝向忍熊王投降。伊佐比宿禰將軍接受太子軍的投降，卸下弓弦，收起武器。此時建振熊命全軍突然從髮髻取出事先已準備好的弦線，再度張弦攻擊，忍熊王軍不敵，退到逢秕，在此兩軍再進行交戰。忍熊王軍仍是不敵敗北，被追擊至沙沙那美（琵琶湖南岸），忍熊王的軍隊盡遭斬殺，忍熊王和伊佐比宿禰被迫乘船逃往淡海（琵琶湖），兩人在船上跳入海裡而死。

建內宿禰帶著皇太子進行禊祓行經淡海及若狹國時，來到高志的角鹿建造臨時行宮而居住下來。鎮護當地的神明伊奢沙和氣大神之命（即前文提及伊奢沙別命、氣比大神、御食津大神）夜裡出現在太子的夢中，說道：「我想以吾名做爲皇子的御名。」太子說道：「眞是惶恐至極！承蒙賜名，我願意接受。」於是神又說道：「明早到海濱，吾將獻上改名後的物品。」翌晨，太子依約來到海濱時，看見海邊盡是鼻子受傷的鹿魚。太子心懷感謝，向神明道：「我接受神明賜予做爲食材的鹿魚。」此神因而又被稱爲御食津大神，現今則稱爲氣比大神。鹿魚的鼻血奇臭無比，因此將這片海灘命名爲血浦，現今則稱爲都奴賀（角鹿、敦賀）。

（接下來的兩首歌與《日本書紀》重複，故略去）

帶中津日子天皇（仲哀天皇）得年五十二歲（壬戌年六月十一日崩御），陵寢位於河內國惠賀長江。皇后享年一百歲崩御，安葬於狹城楯列陵。

神功皇后筑紫歸還／歌川國芳繪

※ ※ ※

舍人親王將神功皇后置於《日本書紀》第九卷，以皇后的身分與其他天皇並列。神功皇后雖未稱帝，但攝政長達六十九年，並代替亡夫仲哀天皇親征新羅，將日本國威遠播至朝鮮半島，功勳與神武之後的歷代天皇相比，均猶有過之。在舍人親王編纂的《日本書紀》中，多次記載神功皇后以中國皇帝專用的第一人稱「朕」自稱，可見到舍人親王編纂的八世紀初，朝廷還是認爲神功皇后的地位等同天皇。之後的史書諸如《先代舊事本紀》（成書於九世紀）、《扶桑略記》（成書於十一世紀末）、《神皇正統記》（成書於十四世紀）、《本朝通鑑》（成書於十七世紀末）皆將神功皇后與歷代天皇並列。

一六五七年，水戸藩第二代藩主德川光　（時代劇『水戸黄門』的主人公）秉持「大義名分」的精神編纂《大日本史》。全書從一六五七年開始編纂，至一九〇六年第十三代水戸德川家戸長（一八七一年廢藩置縣後不再有藩主的稱呼）德川　順完成全書呈獻給明治天皇爲止，共歷時二百五十年之久。全書仿照中國正史紀傳體體例，共分爲七十三本紀、一百七十列傳、一百二十六志以及二十八表共三百九十七卷。值得一提的是，本紀第三卷仲哀天皇後緊接的是應神天皇，亦即不再將神功皇后與歷代天皇並列於本紀，而是改置於第七十四卷的后妃傳（屬於列傳）。這是《大日本史》三大特點之一（另外兩點爲將天智天皇之子大友皇子列入本紀，以及以南朝爲正統），影響所及，此後的日本史書均將神功皇后排除在本紀之外，亦即只承認她是皇后，而否定她以攝政身分享有等同天皇的地位。

攝政三十九年、四十年、四十三年曾三次引用《三國志、魏志倭人傳》（以下簡稱《倭人傳》）的記載，由此可推斷出神功皇后的六十九年攝政期間大概從東漢末年官渡之戰開始，歷經曹魏，到晉王司馬炎消滅蜀漢、篡曹魏建立西晉，簡言之亦即神功皇后攝政期間相當於三世紀初期到中期。這段期間倭國出現一位非常有名的女性政治人物，她就是見諸於《三國志》《後漢書》《晉書》《梁書》《北史》等正史的親魏倭王卑彌呼。

不過，卑彌呼只見於中國史籍的記載，《古事記》《日本書紀》等完成於八世紀的日本史籍並無卑彌呼之名；相反的，神功皇后之名只見諸於《古事記》《日本書紀》，而不見於《三國志》《後漢書》《晉書》《梁書》《北史》等中國正史。明治時代開始有歷史學家質疑卑彌呼與神功皇后是否只是因爲文字的不同而有不同名字，事實上是同一人。

不過《倭人傳》最後提到「……卑彌呼以死，大作冢，徑百餘步，徇葬者奴婢百餘人。更立男王，國中不服，更相誅殺，當時殺千餘人。復立卑彌呼宗女壹與，年十三爲王，國中遂定。政等以檄告喻壹與，壹與遣倭大夫率中郎將掖邪狗等二十人送政等還，因謁壹，獻上男女生口三十人，貢白珠五千，……」從以上引文可知，卑彌呼受封爲親魏倭王後不久死去，卑彌呼統治的邪馬台國因立男王而陷入大亂，最後立卑彌呼的宗女壹與（《梁書》《北史》寫成「臺與」）才使政局安定下來。由上述記載推測，《晉書、四夷傳》提及的「泰始初，遣使重譯入貢」，應是壹與（或臺與）被立爲女王的事，而非卑彌呼。再對照《日本書紀》可知壹與（或臺與）入貢是攝政六十六年，這時神功皇后還在人世，所以神功皇后是卑彌呼這種說法本身並不正確。然而，世界各民族的神話所提及的年代大部分是經不起檢驗，因此不能只因年代兜不攏就斷定神功皇后和卑彌呼不同人。

那麼除了卑彌呼是神功皇后外，還有哪些說法呢？有學者認爲第七代孝靈天皇的皇女倭灦灦日百襲姬命即是卑彌呼。持這種主張的學者並非從史籍的記載中找到雷同之處，而是從《倭人傳》記載的卑彌呼之墓「徑百餘步」找到依據。據《日本書紀》第五卷『崇神天皇紀』記載，倭澉澉日百襲姬命死後成為「大物主神」，她的墳墓即是有名的「箸墓古墳」（位於奈良縣櫻井市）。「箸墓古墳」是個超大的巨墳，長度達二百七十餘公尺，與《倭人傳》記載卑彌呼的墳「徑百餘步」幾乎吻合。當然光憑單一說法就認為卑彌呼是倭澉澉日百襲姬命未免過於一廂情願，有學者藉由「年輪年代測定法」測出箸墓古墳的興建年代為三世紀中期，與卑彌呼死去的時間幾近一致，因而使這一說法得到更多的認同。

假定這種說法成立，連帶間接證明卑彌呼統治的邪馬台國是在畿內，但是這與彌生時代出土的最大遺址——位於九州佐賀縣的「吉野里遺跡」出入極大，使得卑彌呼＝倭澉澉日百襲姬命的說法必須再打上一個很大的問號。

攝政五十二年，「百濟使節久氐等人隨千熊長彥朝貢，獻上一口七支刀、一面七子鏡，及其他種種珍寶。」七支刀確有其物，目前珍藏於奈良縣天理市石上神宮（屬二十二社的中七社之一，是名神大社、官幣大社，現為神社本廳的別表神社）。七支刀全長約七十五公分，從外表觀之並不具實用性，但是七支刀的正面和反面都刻有銘文，記載百濟王製造七支刀進貢日本的經過，是了解三四世紀東亞歷史的史料。

七支刀正面銘文為：

泰[redacted]四年[redacted]月十六日丙午正陽造百鍊[redacted]七支刀[redacted]辟百兵宜供供侯王[redacted]作

反面則爲：

先世以來未有此刀百濟[redacted]世[redacted]奇生聖音故為倭王旨造[redacted]世

全文共六十一字。

這篇銘文最大的難題在於開頭的「泰[redacted]四年」，「泰[redacted]」很顯然是年號，「泰」通「太」，可以是「泰[redacted]」，也可以是「太[redacted]」。符合的計有西晉武帝泰始四（二六八）年、西晉武帝太康四（二八三）年、東晉廢帝太和四（三六九）年、東晉孝武帝太元四（三七九）年、南朝宋明帝泰始四（四六八）年、北魏太武帝太延四（四三八）年、北魏孝文帝太和四（四八〇）年，共計七個。

雖說可能性有七個，然而考慮到《晉書》《宋書》提及的倭五王（請參照拙作《一本就懂日本史》頁二四～二五）朝貢東晉、南朝，後三個應該可以排除在外，僅剩西晉武帝泰始四年、西晉武帝太康四年、東晉廢帝太和四年以及東晉孝武帝太元四年較有可能。對照《日本書紀》攝政五十二年，顯然西晉武帝泰始四年較有可能，然而也如作者前文提及的：「世界各民族的神話所提及的年代大部分是經不起檢驗」，所以西晉武帝泰始四年未必就正確。由於公元四世紀末朝鮮半島上的高句麗曾聯合新羅與倭和百濟作戰獲勝，並趁勢擴張勢力至帶方，嚴重威脅到十六國中的後燕，這段史實有好太王碑佐證，使得西晉武帝泰始四年的說法為東晉廢帝太和四年和東晉孝武帝太元四年說取代，目前學術界普遍認為東晉廢帝太和四年的可能性較大。這種說法如果成立，神功皇后應該是五世紀的人，等於也否定掉了神功皇后與卑彌呼是同一人的說法。

附錄一：《古事記》與《日本書紀》的作者與創作背景

公元六四五年蘇我氏滅亡時，聖德太子攝政時尚未編纂完成的《國記》《天皇記》與蘇我氏一起毀於兵火，雖是如此，但當時仍有《帝紀》（《古事記》序文爲《帝皇日繼》）《舊辭》（《古事記》序文爲《先代舊辭》）等書。六七二年壬申之亂後，皇太弟大海人皇子取代其兄天智天皇之子大友皇子即帝位，是爲天武天皇，天武即位後命當時以博聞強記聞名的舍人稗田阿禮誦習上述兩書，然後編纂新的國史。

稗田阿禮被天武天皇任命爲舍人時年僅廿八歲，除了誦習這兩書外在歷史上缺乏相關記載，因而江戶時代出現「稗田阿禮是女性」的說法，明治時代以提倡民俗學著稱的學者柳田國男也認同這一說法。從制度來看稗田阿禮擔任的應該是照顧天皇生活起居的大舍人，女性的機率微乎其微；之所以會有「稗田阿禮是女性」的說法應該與稗田出身以天鈿女命爲始祖的屉女君一族，該族在大和朝廷從事巫女或打掃、雜役等工作。

根據《古事記》序文記載，天武天皇聽說諸家所傳的《帝紀》和《本辭》多與事實相違背，虛構之處甚多。在位之時若不予以修訂，數年之後恐怕眞正的史實會有亡佚之虞，《帝紀》與《本辭》乃邦家之經緯、王化之鴻基。因此天皇欲撰錄《帝紀》，檢覈《舊

豆知識　舍人

最初為皇族或貴族的近侍，負責護衛。進入奈良時代依頒布的律令制可細分為內舍人、大舍人、東（春）宮舍人、中宮舍人。內舍人定額九十名（後來略有增減），隨侍在攝政・關白身旁，從四位、五位官員超過二十一歲的兒子中選拔。大舍人寮成立於天武天皇在位期間（六七三～六八六），依律令制隸屬於中務省，分為左右大舍人寮，名額各八百人，平安初期合併為大舍人寮，職責為照顧天皇的生活起居。

皇太子的御所稱為「東（春）宮坊」，負責警戒皇太子御所的稱為東（春）宮舍人，依律令制定額為六百人，因准許帶刀故也稱為「帶刀舍人」，簡稱為「帶刀」。統領帶刀舍人的長官有兩人，稱為帶刀先生。中宮舍人依律令制定額為四百人，隸屬於中宮省（或為中務省之訛，具體職務並不清楚）。

辭》，去僞存眞以傳後世。

《古事記》序文記載大致可信，不過天武對於《帝紀》《本辭》去僞存眞的用意更可能在於皇位得來不正，因此亟需編纂史書向天下昭告天武政權的合法性；此外在編纂史書的過程中亦可毀去不利於他的記載，可謂一舉兩得，這應該才是天武命稗田阿禮誦習《帝紀》《舊辭》最主要的目的。不過，或許是沒有編纂史書的經驗，也或許是史料的欠缺，到六八六年八月天武天皇崩御爲止，天皇期待的史書並沒能完成。

奈良縣大和郡山市稗田町有座以稗田阿禮爲主祭神的賣太神社，該神社的所在地據說是稗田阿禮出身的屜女君一族之所在地。

※ ※ ※

天武崩御後稗田阿禮不知所蹤，從此在歷史上消失，不清楚是否完成天武派給他的任務。然而依《古事記》序文記載和銅四（七一一）年九月十八日詔太安萬侶呈獻撰錄的稗田阿禮所誦之敕語舊辭一事來看，稗田阿禮應該沒有完成天武天皇交給他的使命，不管稗田阿禮未能完成的原因爲何，編纂史書的任務在和銅四年元明天皇在位時落到太安萬侶身上。

太安萬侶名「安萬侶」或「安麻呂」，出身氏族據昭和五十四（一九七九）年一月發現的太安萬侶墓證實爲小治田，姓則屬於天武天皇設置的「八色之姓」中的「朝臣」。

僅次於眞人的爲「朝臣」，是人臣的最高位階。天武天皇十三年十一月賜予阿倍氏、紀氏、平群氏、中臣氏、高向氏、犬上氏等五十二個氏族以朝臣之姓。奈良、平安時代有些朝臣氏族因政爭沒落，有些氏族爲朝廷立下功勳而被賜予朝臣身分，如藤原朝臣、橘朝臣、菅原朝臣、大江朝臣。至平安末期再補上源朝臣和平朝臣，平安時代之後朝臣成爲公卿的敬稱。

宿彌爲神別氏族的後裔，主要是大化革新前擔任「連」的氏族，如大伴氏、佐伯氏。所謂的神別氏族可細分爲居住在高天原上的「天津神」和統治各地的「國津神」，前者如造化三神、神世七代；後者如出雲的大國主命。忌寸授予一部份的國造（大化革新前世襲的地方官）和歸化人後裔；道師授予的氏族對象不明。

大化革新之前「臣」是畿內周邊臣服於大和朝廷的豪族，「臣」中較有勢力的稱爲

「大臣」。天武頒布八色之姓降格「臣」的地位，授予的對象爲地方豪族。「連」原本就是效命大和朝廷的豪族，這些豪族多半世襲特定的職業，「連」中較有勢力的稱爲「大連」。天武頒布八色之姓亦降格「連」的地位，然而大部分原先的「連」躋身「朝臣」和「宿彌」。稻置在大化革新之前是地方行政單位「縣」的首長，在天武頒布的八色之姓成爲最下位，實際情況不詳。

豆知識

八色之姓

天武天皇即位後制定的新制度，確立以皇親為最尊的身分制度。據《日本書紀》天武天皇十三（六八四）年冬十月詔曰：「更改諸氏之族姓，作八色之姓，以混同天下萬姓。一曰，真人。二曰，朝臣。三曰，宿彌。四曰，忌寸。五曰，道師。六曰，臣。七曰，連。八曰，稻置。」大致說來，八色之姓最高階的「真人」授予對象為天皇・皇子的子孫，最初以守山公、路公、高橋公、三國公、當麻公、茨城公、丹比公、豬名公、　田公、羽田公、息長公、酒人公、山道公等十三氏為真人。

和銅五（七一二）年正月廿八日，太安萬侶將完成的三卷《古事記》呈獻給元明女帝（天智天皇女、持統天皇異母妹、元正・文武天皇生母）。對朝廷而言，完成《古事記》編纂是個難以形容的功勞，元明天皇於和銅八（七一五）年正月擢升為從四位下。元明女帝皇女冰高皇女即位（元正天皇，同年九月改元靈龜）後，靈龜二（七一六）年九月，太安萬侶成為小治田一族氏長。據墓誌銘記載，太安萬侶死於養老七（七二三）年七月六日，最後的官位官職為從四位下民部卿。

※　※　※

《續日本紀》第八卷養老四（七二〇）年五月條記載：「先是，一品舍人親王奉敕，修日本紀。至是，功成奏上。紀三十卷，系圖一卷。」舍人親王奉敕修撰的即是《日本書紀》。

舍人親王是天武天皇的第六皇子，生於六七六年，生母為天智天皇之女新田部皇女。六七九年與天武天皇・皇后（後來的持統天皇）立下「吉野盟約」的六位皇子，除志貴皇子（天智天皇第七皇子）外都在持統天皇崩御前辭世，舍人親王與異母弟新田部親王成爲天武天皇碩果僅存的皇子而爲姪女元正天皇倚重。養老二（七一八）年正月，二品舍人親王擢升一品。翌年冬十月下詔命舍人親王與新田部親王輔佐皇太子首皇子，賜一品舍人親王內舍人二人、大舍人四人、衛士三十人、益封八百戶，通前二千戶（與之前的封戶相加共二千戶）。二品新田部親王內舍人二人、大舍人四人、衛士二十人、益封五百戶，通前一千五百戶。

舍人親王獻上《日本書紀》同年八月，朝廷的實力者右大臣藤原不比等去世，元正天皇遂擢舍人親王爲知太政官事（令外官），新田部親王爲知五衛及授刀舍人事（令外官），與繼任的新右大臣長屋王（天武天皇第一皇子高市皇子之長男）共同輔政，再度建立皇親政治。

神龜元（七二四）年二月，元正天皇禪位異母弟首皇子，即位後爲聖武天皇。聖武天皇即位時下詔增加舍人親王封戶五百戶，新田部親王爲一品，從二位長屋王爲正二位，新天皇頒布這些措施無非要鞏固皇親政治。不久出現長屋王與藤原四兄弟對立的事件，舍人親王與新田部親王立場偏向藤原四兄弟，最終造成「長屋王之變」。神龜六（七二九）年二月，漆部君足和中臣宮處東人密告長屋王學習旁門左道欲使國家傾覆，藤原宇合（式家之祖）立即率領左右近衛府、左右兵衛府、左右衛門府等六衛府的兵力包圍長屋王邸，舍人親王與新田部親王準備親自審問，不過長屋王與王妃吉備內親王（生父爲草壁皇子，生母爲元明天皇，元正天皇同母妹）及四名王子全部自盡。

同年八月，聖武天皇立其生母藤原宮子的異母妹安宿媛爲后（光明皇后），光明皇后的四個異母兄連帶受到朝廷重用，皇親政治已無維持下去的可能。天平七（七三五）年起奈良蔓延天花，新田部親王於該年九月病逝，舍人親王十一月亦病逝，享年六十，同日朝廷追贈太政大臣。

《續日本紀》第十九卷記載，天平勝寶八（七五六）年五月，聖武上皇崩御，遺言要孝謙女帝立從四位上中務卿道祖王爲皇太子，道祖王乃新田部親王之子，是天武天皇的皇孫。不過翌年三月，孝謙以道祖王在聖武喪期過於荒淫，屢勸不聽爲由廢黜皇太子，孝謙詢問群臣應改立何人爲皇太子，大納言藤原仲麻呂（武智麻呂長男，不比等之孫）推舉舍人親王七男大炊王，於是天平勝寶九（七五七）年四月，大炊王成爲孝謙女帝的皇太子，天平寶字二（七五八）年八月，孝謙讓位大炊王，是爲淳仁天皇。天平寶字三（七五九）

年六月，淳仁天皇追贈舍人親王爲「崇道　敬皇帝」。

（本文參考《古事記》《日本書紀》《續日本紀》以及拙作《一本就懂日本史》）

附錄二：人名的不同以及以《日本書紀》為主的原因——『記紀神話』中『尊』與『命』的差異

《古事記》全書三卷，上卷爲創世神話，從天地初開到天津日高日子波限建鵜草葺不合命娶母親的妹妹玉依毘賣命爲妻；中卷從神倭伊波禮毘古命東征（神武東征）到應神天皇崩御爲止；下卷從仁德天皇即位到推古天皇治世（不過聖德太子略過不提）。

《日本書紀》全書三十卷，並有系圖一卷，惟，該卷已亡佚。《日本書紀》前兩卷爲神代，第一卷從天地開闢到大己貴神入主出雲；第二卷從葦原之中國的平定、天孫降臨到神日本磐余彥尊誕生。第三卷以後大抵一卷以一到兩位天皇爲主，例外的是第四卷的內容是「闕史八代」中的八位天皇（第二代到第九代）以及第十五卷爲清寧・顯宗・仁賢三位天皇。

《日本書紀》値得一提之處尚有二，首先是第九卷提及對象是氣長足跡尊，即應神天皇生母神功皇后，《古事記》《日本書紀》除神代部分外，各卷卷名均爲天皇，第九卷以氣長足跡尊爲名等於視神功皇后爲天皇。其次，第廿七卷爲天智天皇，接下來跳過大友皇子，第廿八、廿九兩卷均爲天武天皇，換言之天武天皇是《日本書紀》唯一一位有兩卷篇幅的天皇，會有這樣的「待遇」固然與天武本身奮發有爲、勵精圖治有關，但是該書主要編纂者舍人親王是天武第六皇子這點或許更爲重要！

之後的史籍繼承《日本書紀》的編纂方式，將神功皇后列入本紀，天智天皇後跳過大友皇子直接接續天武天皇。江戸時代水戸藩以全藩之力編纂《大日本史》，基於「大義名分」、「尊王」的訴求將神功皇后納入后妃傳，並將大友皇子列入本紀，等於承認其曾即位的事實。到了近代，明治天皇更追諡大友皇子爲弘文天皇，才將整個日本史學界「撥亂反正」。

簡單說來，《古事記》和《日本書紀》都是以天皇和皇族爲中心，神代以外的每一卷詳細記載歷代天皇的皇宮、在位年數、享年、后妃、子女名字及皇陵所在地等流水帳的記載，對於天皇在位以外的國家大事卻未必會予以記載。至於《古事記》的採用的文體，該書序文提到「……上古之時，言意並朴，敷文構句，於字即難。已因訓述者，詞不逮心；

全以音連者，事趣更長。是以今，或一句之中，交用音訓；或一事之內，全以訓錄。……」（……上古之時，語言及意旨簡樸，不易寫成文句。全用漢訓敘述，難以表達而詞不達意；全用漢字表音，又恐記述過長。所以一句之中有時將漢字音讀及訓讀混合使用，有時則全部採用訓讀。……）

從以上敘述來看可知《古事記》記載方式採用以漢文形式表記的日語文體（和式漢文體的「準漢文」），稱爲「變體漢文」。如天照大神之弟——三貴子之一的Susanoonomikoto，相同的發音在《日本書紀》寫做「素戔嗚尊」，在《古事記》裡配合日文音寫成「速須佐之男命」。

《日本書紀》效法中國的《漢書》和《後漢書》，以純漢文撰寫以天皇爲中心的歷史書籍。以純漢文撰寫顯然主要目的並不是要給日本人閱讀，而是以外國——特別是對中國——表明日本建國的經過爲目的，因此從《日本書紀》開始編纂便存在濃厚的國家歷史性質。

《古事記》以漢文形式表記的「變體漢文」方式書寫，這種方式對日本人以及以漢文爲母語的漢人在閱讀上都造成極大的困難，母語是日文和漢文以外的外國人就不用說了，一般民眾幾乎不可能閱讀。另外如前所述，《古事記》神代內容只有一卷，而《日本書紀》則有兩卷，除了有與《古事記》重疊部分外，尚有《古事記》未提及的部分。

基於以上兩點，作者撰寫本書時主要採用《日本書紀》的內容，兩書記載有出入之處以《日本書紀》爲主，除非有只見於《古事記》記載的內容才會予以提及。人名部分亦是如此，第一次出現的人名會同時提出兩書記載的名字，先提《日本書紀》的名字，括弧內附上《古事記》的名字和人名的羅馬拼音，出現第二次以後以《日本書紀》的名字爲主。

日文「みこと」（Mikoto）原爲「貴人」、「尊貴」之意，是對神或貴人的敬稱，漢字可寫爲「尊」或「命」。《古事記》一書記載的神，其名諱大抵皆帶有「命」字，但《日本書紀》同時存在「尊」和「命」，那麼兩者有何區別呢？《日本書紀》中開創天地的神或天照大神的父母及其直系後裔（亦即皇室成員），名字最後皆以「尊」稱之，如日本武尊（第十二代景行天皇第二皇子），例外的爲天照大神之弟素戔嗚尊；地方神（如出雲的大己貴命）或後來臣服大和朝廷豪族的祖先（如中臣氏之祖天兒屋命）則以「命」稱之。

參考書目

日本神話故事　程義譯著　星光出版社
諸神流竄——論日本『古事記』　梅原猛著／卞立強、趙瓊譯　經濟日報出版社
日本神様事典　CR&LF研究所　商周出版
週刊神社紀行　特別編集　全国一の宮めぐりビジュアル神社総覧　学研
入門　古事記と日本神話　内池久貴ら　洋泉社
今こそ知りたい、この国の始まり　古事記　三浦佑之監修　朝日新聞出版
日本の神話．伝説が面白いほどわかる本　新人物往来社
日本神話と古代国家　直木孝次郎　講談社
天孫降臨の謎——『日本書紀』が封印した真実の歴史　関裕二　PHP研究所

國家圖書館出版品預行編目資料

日本神話故事【更新版】／洪維揚著
—— 二版. ——臺中市　：好讀, 2024.03
面：　公分，——（神話誌；6）

ISBN 978-986-178-707-7（平裝）

1.神話　2.日本

283.1　　113001971

好讀出版

神話誌　6

日本神話故事【更新版】

作　　者／洪維揚
總 編 輯／鄧茵茵
文字編輯／莊銘桓、鄧語葶
美術編輯／林姿秀
發 行 所／好讀出版有限公司
台中市407西屯區何厝里19鄰大有街13號
TEL:04-23157795　FAX:04-23144188
http://howdo.morningstar.com.tw
（如對本書編輯或內容有意見，請來電或上網告訴我們）
法律顧問／陳思成律師

戶名：知己圖書股份有限公司
劃撥專線：15062393
服務專線：04-23595819轉230
傳眞專線：04-23597123
E-mail：service@morningstar.com.tw
如需詳細出版書目、訂書、歡迎洽詢
晨星網路書店 http://www.morningstar.com.tw

印刷／上好印刷股份有限公司 TEL：04-23150280
初版／2017年8月15日
二版／2024年3月15日
定價：280元
如有破損或裝訂錯誤，請寄回台中市407工業區30路1號更換（好讀倉儲部收）

Published by How-Do Publishing Co., Ltd.
2024 Printed in Taiwan

ISBN 978-986-178-707-7